JN438674

혼놀, 혼자 즐기다

혼놀, 혼자 즐기다

조윤수 에세이

수필과비평사

머리말

김홍도의 매화 그림 이야기는 유명하다. 어느 분에게서 3000냥을 받고 매화를 그려달라는 부탁을 받은 그는 달이 가고 해가 바뀌어도 그림은 그리지 않고 매화나무를 심는데 2000냥을 쓰고, 매화 텄다고 지인들과 매화연梅花宴을 벌이는데 800냥을 쓰고, 매화 그리는 화구 값으로는 겨우 200냥만 들었다고 하지 않는가. 지금 생각하면 매화를 그만치 알고 사랑할 줄 알아야만 매화를 그리거나 글을 쓸 수 있지 않았을까 싶다.

김홍도보다 후대 조희룡의 매화만 해도 그렇다. 홍매를 한 송이씩 그리면서 겨울을 보내고 매화 병풍 두르고 매화차만 마셨으니 좋은 매화 그림을 남길 수 있었겠다. 옛 선비들의 무거운 사군자의 상징성을 내려놓고 단지 아름답고 화사하고 바라보기만 해도 마음이 환해지는 그의 그림이어서 더욱 좋다. 그런 꽃이면 족하리라.

젊은 한때, 문인화 공부를 하러 다녔다. 여름에 회원들이 스승과 함께 설악산과 동해로 여행을 간 적이 있었다. 그때, 내 스승은 '미스 조는 참 풍류객 같다.'는 말을 내게 한 적이 있었다. 어떤 점을 보고 그리 말하였는지 몰랐다. 매화나무는 한 번도 본적이 없었다. 문인화를 배우다 보니 매화 그림을 볼 수 있었고 그대로 홍매나 청매를 흉내 내어 관념적으로 그렸다. 후에 매화를 보았을 때는 감히 그릴 엄두가 나질 않았다. 이제 풍류를 즐길 만한 나이와 처지가 되어서야 옛 스승의 말씀을 헤아려 본다.

그림을 그리지 않아도 봄이면 섬진강 가의 언덕마다 매실나무가 지천이다. 청매실 농원의 매화 축제는 더 이상 매화지절을 노래하지 않고 매화 뽕짝이 즐거울 뿐. 그냥 초봄 어느 꽃보다 추위를 마다지 않고 먼저 화사하게 피어서 고맙고 기쁘게 반기면 될 일이다. 더는 매경한고梅經寒苦가 특별하지 않은 것 같다.

매화 그림 흉내 내던 날이 그래도 그리운 젊은 시절이었다. 사군자의 어떤 풍정 한 점이라도 몸 의식에 들어와 있으면 다행이겠다. 자신에 대해서 자신 있게 말하지 못하는 것 같이 어떤 사물이나 현상을 잘 알지도 못하면서 글을 썼다니 참으로 부끄러운 일이었다.

어찌하건 다시 봄, 새봄이다. 매화로 시작해서 산수유 살구, 본격적으로 목련, 진달래, 개나리가 한꺼번에 홍칭망청하다. 그리고 봄의 절정, 벚나무 꽃구름. 몇 번의 봄을 맞을지 모르지만, 꿈 같이 지나는 봄, 꿈같은 인생이니 어떻게 글로 잘 나타내겠는가. 그래도 아직은 좋은 때, 볼 일 많은 봄인데, 어떤 일이건 더는 탐하지 말아야 할 일인 것을….

| 차례 |

2부

군자란과 재스민

3부

익어간다는 것

4부

혼놀, 혼자 즐기다

5부

상상해 봐요

6부

오월 애愛

찬조

제1부
천리에 외로운 꿈

놀람 교향곡

새봄의 첫 만남이다. 춘삼월을 맞는 꽃샘바람에 놀라서인지 아기의 눈망울처럼 말똥거리는 봄까치꽃이다. 양지바른 풀밭에 등을 대고 앉아서 깜짝 눈맞춤한다. 아늑한 숲길에서 봄 햇살을 맞으려고 하늘을 우러러 갓 피어나는 동백꽃송이에도 놀란다.

3월은 천상 놀람의 연속이다. 햇살 좋은 오후 건지산 오송지 주변에서도 봄바람은 놀람 교향곡을 연주하고 있다. 물속에서 물고기의 찰랑대는 소리, 지난 계절 피었던 연줄기와 빛바랜 갈대들의 춤사위가 펼쳐지는 동안 기러기 한 마리는 하늘을 선회한다. 부끄럼도 모른 채 하늘 해우소에서 볼일을 뿌리고 빈 하늘을 신나게 날아간다. 물오리들은 수면에 미끄러지듯 왈츠의 준비동작 중이다. 물가의 둔덕에는 원추리의 새싹이 뾰족뾰족 힘차게 땅을 뚫고 올라온다. 참으로 놀라운 일이다. 저수지 건너편 왕버들 나뭇가지에 연두색 물이 오르고 있다. 그야말로 유지사사록柳枝絲絲綠이다.

'유지사사록'이라! 벤치에 앉아 건너편 버들가지 물빛이 아련히 피어

나는 것을 보자니, 저절로 나오는 문자다. 산책 나온 한 남자도 벤치에 앉으면서 한마디 거든다. 벌써 건너편 복숭아밭의 전경을 바라보면서 봄 그림을 그린다. 복사꽃이 피면 한 폭의 그림 같겠다고 해서 나는 다시 '도화점점홍桃花點點紅이라!' 했다. 그는 내 말귀를 모르는지 대꾸가 없이 봄이 익는 정취를 그 나름대로 말한다. 영락없이 그 시구詩句의 전경을 상상하고 있었다. 문득 이 시구가 나온 배경이 생각나서 웃음이 나온다.

고려 때 시중 김부식과 학사 정지상은 문장으로 이름을 떨쳤는데, 서로 앙숙이었다. 정지상이 지은 어느 시구가 마음에 들어 자기 시로 삼고자 했지만, 정지상은 이를 허락하지 않았다. 나중에 묘청의 난에 연루되자, 급기야 김부식은 정지상을 죽이고 말았다.

김부식이 어느 봄날에 시를 지었다.

'유지천사록柳枝千絲綠/ 도화만점홍桃花萬點紅, 버들 빛은 일천 실이 푸르고/ 복사꽃은 일만 점이 붉구나', 라고 하자, 갑자기 공중에서 귀신 정지상이 부식의 뺨을 치면서 말했단다. '실이 일천 실인지, 일만 점인시 누가 세어보았는가' 왜 유지사사록柳枝絲絲綠/ 도화점점홍桃花點點紅이라 하지 않는가? 이렇게 늘 정지상은 문장에서만은 김부식보다 한 수 위였던 것 같다. 얼마나 매끄러운 구절인가. 봄마다 이 시구를 읊기를 몇 봄이나 하게 될까 알 수 없다. 언제나 이 봄은 가고 다른 봄이 또다시 올 테지만….

벤치에 앉아 가만히 귀기울인다. 땅속에서, 눈앞에서, 뒷산 숲 속에서 새소리와 나뭇잎 흔들리는 소리와 공중에 흐르는 온갖 소리가 알 수 없는 교향곡이 되어 흐르는 것만 같다. 하이든은 너무나 많은 교향곡을 지었기 때문에 구분하기 어려워지자 후세 사람들이 곡에 별명을 붙였다. '놀람 교향곡'은 하이든이 영국에 머물 때 귀족들을 위하여 작곡한 것인데, 잔잔한 연주곡에 졸고 있는 귀족들을 깨우기 위하여 2악장에서는 갑작스럽게 팀파니를 치는 소리를 넣어서 놀라게 하여 깨웠다고 한다. 그래서 얻은 별명이란다. 아침에 지휘자의 해설에서도 2악장을 유심히 들어보라고 해서 저녁에 다시 들어보았다.

예술에서 형식과 내용, 육체와 정신의 조화를 통해 완벽한 아름다움을 실현하려는 것이 고전주의의 이상이었다. 음악에서도 전체적인 조화와 통일을 추구하는 형식으로 나타났다고 한다. '놀람' 교향곡도 그런 짜임에 알맞는 것 같다. 배경이 되는 악기와 멜로디가 되는 악기의 조화로움이 새봄의 생명을 깨우는 듯한 느낌. 서서히 봄을 노크하는 듯하다가 강렬한 악센트를 주면서 생기 넘치는 기운을 이끌어내기도 한다. 매력적인 멜로디가 자연스럽게 반복되어 경쾌하게 느껴진다. 교향곡이야말로 자연의 조화로움을 잘 표현하는 형식이 아닌가 싶다.

날마다 다르다. 오목대 지나는 길가의 양쪽 절벽에서 개나리가 가지마다 샛노란 꽃줄기를 늘어트린다. 꽃가지가 오가는 차량을 손 흔들어 맞고 전송하는 것만 같다. 어제와 다른 모습에 가슴에 파문이 인다. 오늘 전북대학교 정문으로 들어서자 오른쪽 언덕이 환하다. 매화인 듯하다. 수업 시간이 남아서 그 꽃동산을 찾아갔다. 매화 몇 그루가 푸른 하늘의 흰 구름과 어울려 있는 풍경화다. 진달래까지 붉게 피어서 가까이 가서 얼굴을 갖다 대어 본다. 죽은 듯한 나뭇가지에 새순이 트고, 고목 가지 끝에서 터지는 매화, 환희의 아픈 소리까지 자연 만물 속에서 조화롭게 살아가는 소리를 어떻게 표현할 수 있을까. 정말 놀랍다.

교토 춘색

잘 어울리는 풍경이다. 푸른 녹차밭에 드리워진 매화 가지에서 맑은 향기가 퍼진다. 대나무 숲을 배경한 매화도 잘 어울리는 한 쌍이다. 올 봄 나의 매화 일기는 2월 21일부터였다. 남도로 내려가는 길가에서부터 일본 고도古都인 교토에서 아련한 매화에 홀렸고, 다시 섬진강에 와서 그 절정의 꽃 사태에 취했다. 그러나 교토의 매화는 내게 색다른 인상이었다.

매화는 기원전부터 중국에서 비롯해 한국과 일본에까지 전해진 것 같다. 동양의 옛 선비들은 매화를 즐겨 노래했다. 조선 중기 문인 신흠의 '매일생한불매향梅一生寒 不賣香'을 비롯한 많은 절구가 회자되고 있다. 청빈하고 지조 있는 선비의 상징이었다.

우리나라도 남도에서부터 봄마다 유명한 고매古梅를 순례하는 사람들이 많다. 하지만 일본 사람들은 매화를 특히 잘 가꾸어왔다. 흔히 겹꽃은 일본에서 유래한 꽃으로 알고 있지만, 일본에서는 청아한 홑꽃과 겹꽃이 혼재되어 버들매화까지 그 아름다움을 뽐내고 있다.

교토는 한국의 경주 같은 도시여서 명소들도 많다. 경주도 한두 번 가서 다 이해할 수 없듯이 교토도 마찬가지다. 도쿄로 옮기기 전까지 천 년 이상 황궁이 있던 일본의 수도였다. 교토가 어떤 도시인가를 구체적으로 말할 수는 없지만, 마음에 남은 인상은 인상파 화가의 그림처럼 이국의 봄빛으로 남아 있다.

교토의 거리는 시내버스 안에서 밖을 내다보는 풍경만으로도 어떤 도시인가를 짐작할 수 있다. 여기엔 눈에 띄는 원園, 사社, 사寺 자가 붙은 건축물이 많다. 옛 사적과 문화를 고스란히 간직하고 있는 듯했다. 세계적으로 유명한 일본의 정원 문화가 말해주듯 특별한 정원도 많다. 일본의 조상신을 모신 신사의 기둥도 자주 볼 수 있었고, 시내 중앙에도 부처를 모신 절이 있다는 것을 알 수 있다. 백여 년 전의 어느 문사도 교토를 다녀와서, 교토 동부 산 일대는 사원이 즐비했고 범패 소리가 인상적이어서 일본 친구에게 칠언절구를 써서 선물했다는 걸 보더라도 한국인과도 인연이 많은 도시다.

아라시야마의 대숲 산책길도 천룡사와 작은 신사를 끼고 있다. 대숲 가는 길은 교토 명소 중의 하나인 도월교渡越橋를 지나야 한다. 다리 난간이 나무로 되었다는 것이 고풍의 정다움을 더해주었다. 과연 달이 건너는 다리 같았다. 넓은 강 뒤로 아라시야마가 병풍처럼 둘러쳐져 있다. 옛날에 일본 천황이 나들이를 나왔다가 다리를 건너며 '환하고 둥근 달이 다리를 건너는 것 같다' 고 탄성을 자아냈다는 데서 도월교라는 이름이 유래했다고 한다. 한옥마을처럼 기모노를 입고 사진을 찍는 젊은이들이 자주 눈에 띄었다. 기모노의 문양들이 매화꽃처럼 유난히 화사했다.

상가 부근의 여염집 작은 정원에서 만난 매화에 눈길이 먼저 가서 발길을 멈추었다. 작은 마당 쉼터에서 나만이 호젓하게 만난 홍매 몇 그루는 내 지친 여로에 위안을 주고도 남았다. 작은 우동 집 안에서까지 일본 정원 문화의 일면을 보고, 골목 안의 한 집 앞에서도 매화 꽃꽃이를 만났다. 일본의 명소 상가마다 일본만의 특징인 명품들을 만난다. 다양한 선물 가게들이 많은데, 특히 일본다운 것은 쓰께모노(절임채소)와 화과자라고 해서 찹쌀로 만든 작은 과자들이 매혹적인 맛으로 손길을 붙잡는다. 일본의 다도茶道는 말차抹茶로 시행했기에 가루차를 이용한 다양한 아이스크림, 과자 종류도 많다. 나도 오랜만에 일본의 가루차를 샀다. 집에 와서 말차를 저어보니 과연 옛말 그대로 설록雪綠이 피었다.

교토의 명소 중에 금각사와 은각사는 필수 코스다. 많은 이야기를 품고 있는 금각사! 금칠한 금각사가 주변의 정원수와 어울려 호수에 비치는 모습은 또 다른 세상의 아름다움이었다. 소설 《금각사》로 인하여 녹원사가 금각사로 유명해진 곳이다. 거대하지는 않지만, 아기자기한 정원을 가진 금각사는 단연 한 송이 화려한 꽃이었다. 지붕 꼭대기의 금빛 봉황새는 꽃봉오리였는데, 그보다 더 깊은 인상을 준 것은 정원 바닥이 푸른 이끼란 것이다. 굵은 뿌리가 드러난 나무 사이에서 잔디 대신에 이

끼 향이 풍기는 것만 같았다. 그 누구도 그 주변으로 들어갈 수는 없다. 순로順路 표시대로 다녀야 하기 때문이다. 전각에도 들어갈 수 없으니 그림을 보는 것 같다. 삼층 선방에서 '은하천'의 물을 끓여 말차 한 잔을 저어보는 상상을 해보았을 뿐….

은각사에서의 아침나절은 비가 뿌렸다. 불편한 것 같아도 오히려 빗물이 정원의 숨은 비경을 감상하는 분위기를 연출하는 것 같이 아름다웠다. 전각이 금각사처럼 은 칠한 것이 아니었다. 정원 바닥에 흰 모래를 깔아 바다에 일렁이는 은빛 윤슬을 형상화하였다. 흰 물결 일렁이는 바다 속의 바위섬, 바위와 빼어난 형상의 나무들, 작은 호수에서 노니는 청둥오리가 참으로 조용한 마음의 물결을 일게 했다. 비 오는 날의 은각사! 교토에서 비 오는 날이면 은각사를 산책하시라!

다시 매화를 만난 것은 니조 성城이었다. 한국의 순천에도 일본 성城이 남아 있어 답사한 적이 있었다. 같은 구조의 성채였다. 특이한 것은 밖과 안의 이중二重 해자라는 것. 가장 깊은 요새만을 위한 해자가 따로 있다. 깊은 곳, 가장 높은 성루에 올라 주변을 둘러보았다. 푸른 소나무 사이로 보이는 매화 거리가 환하게 향기마저 풍겨오는 것 같았다. 니조 성채의 건축물 안으로 들어가 보았다. 다다미방마다 벽에는 절묘한 미인화 같은 벽화로 장식되었다. 마루 목재에서 느껴지는 세월의 맛이 옛 시절의 어느 공간이었다. 바닥이 삐걱거리게 구조화되었다는 것은 적의 침입과 비밀을 유지하기 위한 묘한 수단이었다나! 미려한 소나무들과 장대한 수목들이 작은 호수와 적절히 배치되어 위엄을 갖춘 니조성의 정원. 자연을 재구성한 훌륭한 작품이었다.

교토에도 매화 축제가 열리는 마을이 여러 곳 있단다. 내가 만난 교토 매화의 절정은 청수사와 그 주변 거리에서였다. 청수사 일주문 격인 높은 대문 양옆에 홍매와 백매가 수려하게 그 빛을 자아내고 있었다. 사람들의 물결 때문에 그 향기는 흩어져버렸고, 다른 전각 주변에서도 특이한 건물의 지붕과 연결되는 매화 빛은 인상적이었다. 청수사 주변, 특유의 목조 이층집들 사이, 작은 신사 앞에서 매화나무가 기모노 문양과 어울려 화사한 봄빛을 유감없이 발하고 있었다.

조용한 주택 거리에서 바람에 실려 오는 매향이 내게는 가장 매력적이었다. 요지야 카페 주변의 주택거리 여기저기에서, 담장 밖으로 환하게 빛나는 홍매와 백매가 푸른 하늘을 향하여 손짓했다. 바람에 실려 오는 매향이 거리를 지나는 길손에게 새봄의 인사를 건넸다. 골목 거리에서 만나는 매화는 그 나무와 일상을 소요하는 사람들의 모습이 연상되었다. 골목길을 걸어 내려오다가 달보드레한 향기에 이끌려서 매화나무 집 옆에서 서성였다.

교토의 명소마다 사람의 물결이었다. 주로 한 · 중 · 일 삼국의 사람들이 내남의 나라라는 관념 없이 같은 풍경을 즐겼다. 비슷한 생김새의 사람들, 조금의 특성은 있지만, 같은 문화를 공유하는 사람들이었다. 국내에는 대통령 탄핵사건으로 어지럽고 한 · 중도 사드 때문에 시끄럽다.

아름다운 풍경을 공유하는 것처럼 국제관계에서도 평화를 공유하면 좋으련만, 어디에도 매화 정신이 나타나는 모양을 볼 수 없는 것은 매화가 넘쳐나서일까? 가매매향可賣梅香이런가.

춘사春思
–무릉도원은 어디인가

꽃병의 벚꽃이 다 시들었다. 떨어진 꽃잎이 아까워서 쓸지도 못했더니, 그대로 꽃가루가 되었다. 유난히 기온 변화가 심했던 올 4월. 아직도 봄바람은 어지럽다. 4월을 한 마디도 말한다면, 花開昨夜雨(화개작야우), 花落今朝風(화락금조풍)이다. 사람은 다시 소년이 될 수 없지만, 몸이 늙어갈수록 마음만은 청춘의 슬기가 새록새록 피어나니 이 봄의 기쁨이자 우수라고 해야 할까.

어찌 해도 4월은 '봄의 왈츠'가 퍼지는 시기다. 살구꽃이 질 무렵, 벚꽃이 피어나기 시작하면 봄이 절정으로 치닫는다. 섬진강변은 명품 벚꽃 길이다. 꽃길 따라 임 따라 내려갔다가 온갖 풍물도 만났다. 새들이 울어도 눈물은 볼 수 없고 꽃들이 웃어도 그 소리는 들을 수 없다지만, 분명 생명에게 봄은 사랑의 잔치임을 소리와 모양으로 느낀다. 칠불사의 아자방亞字房에서 수행했던 칠 왕자께 먼저 새봄을 예배했다. 스님들의 독경 소리에 저절로 솟아난 봄나물을 부처 모시듯 품었다. 쌍계사 화개천에서 휘날리는 꽃비에 젖어 처연한 마음 감출 길 없었다. 묘하게 떨리는 마음은 새 신부의 마음 같은 것일까.

내 생에 이런 봄날은 처음이다. 언제나 첫 경험은 잊을 수 없지만 잊어야 다시 새봄을 맞을 것이 아닌가. 완주우체국에 다녀오던 날, 한나절을 꽃구름 속을 헤매었다. 완주 32경이 있을 정도로 전주를 둘러싼 완주는 살기 좋은 곳임을 알 수 있었다.

송광사 이정표를 만나고서야 집으로 가는 길을 찾을 수 있었다. 완주 송광사 벚꽃 길은 벚꽃 축제로 북적이고 있어 지나는 길손으로도 그 흥취를 느끼기에 충분했다. 이렇게 좋은 봄날을 홍에만 겨워해도 좋을까. 너무 좋아도 탈이요. 또 나빠서도 탈이다. 평상심이 뭉클거린다. 세상이 온통 무릉도원이요, 〈몽유도원도夢遊桃源圖〉가 현실로 살아 움직이고 있다.

몇 년 전에 현해탄을 건너온 안견의 〈몽유도원도〉가 국립중앙박물관에 전시된 바 있었다. 역시 신화적인 명성의 작품이기에 관람객의 긴 줄에 끼였다. 하지만 조명이 어두운 전시실에 걸려 있는 긴 두루마리 그림에서는 도저히 옛사람이 그리던 도원은 잘 보이지 않았다. 사람들이 꿈꾸어온 이상향은 잘 나타나지 않아야 되는 걸로 위안했다. 안평대군이 어느 날 꿈을 꾸고 난 후 안견에게 부탁하여 꿈의 내용을 그리게 했던 것이 〈몽유도원도〉다. 안견은 대군 꿈의 감동이 사그라지기 전 3일이란 짧은 시간에 대군이 좋아했던 화법으로 그렸다고 한다. 대군이 흡족하여 당대 명가 21명의 찬시와 찬문을 받았다. 찬문을 쓴 사람의 이름 중에는 사육신으로 이름난 집현전 학사들도 있었다.

능수버들 길을 찾아간다. 송광사 꽃길을 벗어나면 화심에서 상관 길로 들어선다. 버드나무처럼 꽃가지가 축축 늘어진 곡선의 자태가 보고 싶어 고즈넉한 그 길을 봄마다 찾는다. 길가에 늘어진 꽃가지 밑에서 잠시 쑥을 캐는 망중한을 즐겼다. 커다란 꽃가지가 꺾어져 있었다. 아까운 꽃가지를 한 아름 가져와 화병에 나무처럼 꽂아 두었다. 베란다의 조명만 남겨두고 거실에 누워서 꽃길을 회상하며 꽃을 감상했다. 달밤처럼 말이다.

쑥국을 끓이면서 봄날의 정취를 함께 누리지 못하는 이들이 아쉬웠다. 전화 걸어온 친구와 무릉도원이 따로 없더란 말로 서로 입을 모았다. 거리마다 꽃길이건만 세상 소식은 어두운 것이 또한 현실이다. 깨어있는 사람은 걱정한다. 지금 우리는 비상사태와도 같은 극도의 위기상황에 처해 있다고. 남북관계의 안보적 상황도 그렇지만 그보다 더 큰 위기는 이 나라 젊은 청년들의 문제가 심각하다고 한다. 소위 '청년실업'과 '청년우울증'의 문제란다. 언제 이렇게 자살 수위가 높은 나라가 되었는가 말이다. 현대의 삶이 너무나 빨리 달리고 있는 까닭일까. 갖은 신조어까지 난무한다. *'이구백, '장미족, '십장생'. '삼포시대' 등이다. 그런가 하면 수명 백세 시대를 앞 둔 노인들에 대한 신조어도 많다고 한다. 얼마 전까지만 해도 '웰빙'이란 말이 유행했는데, 이제 웰빙은 기본이 되었을까? 웰빙의 전체적인 수준에는 아직 먼 것 같다. 요즈음 부쩍 많이 쓰이는 '힐링'이란 말은 웰빙이 삐뚤어진 것 같다.

모두가 힐링이 필요한 시대란다. 잘나가는 사람과 못 나가는 사람, 평범한 사람들조차 어떤 힐링이 필요한 시대에 살고 있다고 한다. 우리나라는 공사 중이고 통화 중이라더니, 국내외 모두 관광천국이요, 등산 천국, 걷기 천국인 것 같은데도 말이다. 지구가 언제 뒤집힐 지도 모르는데. 비상사태일수록 정신을 차려야 할 때다. 걱정에 휘말려서 우울로 함몰되지 말아야 할 일. 내가 밝아야 세상이 밝아진다. 밝은 눈으로 세상을 바라보고 자기 자리를 자기답게 지켜야 할 일이다. 나만의 꿈은 꿈일 뿐, 꿈 너머 꿈이라야 더불어 이루어지는 참된 꿈이라고 하지 않는가.

안평대군이 행서체로 쓴 〈몽유도원도〉의 화제畵題가 기막힐 정도로 유려하여 인상에 남았다. 도원을 찾기란 현대에도 어려운 일인지도 모른다. 아름다운 도원이 펼쳐져 있건만 그 도원을 즐길 수 없는 입장에게는 〈몽유도원도〉처럼 바위산을 넘고 또 넘어야 하는 어려운 과정을 거쳐야 할지도 모른다. 먼저 마음에서 보아야 하는 도원이기에.

꽃은 새로 피어도 떠난 임은 오지 않는다. 다시 소년은 될 수 없고 고운 얼굴에 주름만 늘어나고 힘은 부친다. 오늘 받은 한시漢詩, '봄날의 우수「春思」'가 내 마음을 달래주는 듯하다. 찻잔에 반 남은 차 향기에 시름을 날려 보내며.

초색청청유색황草色青青柳色黃 : 풀빛 싱싱하게 푸르고 버들잎 노랗고
도화역란이화향桃花歷亂李花香 : 복사꽃 난만하고 오얏 꽃 향기로워라.
동풍불위취수거東風不爲吹愁去 : 봄바람 불어도 시름은 불어낼 줄 모르는가
춘일편능야한장春日偏能惹恨長 : 봄날은 도리어 마음 속 한을 길게 불러내네.

* 이구백 – 20대의 90퍼센트가 백수
장미족 – 장기간에 걸친 미취업자
십장생 – 이제는 십대들도 장차 백수를 생각해야 한다
삼포시대 – 연애, 결혼, 출산을 포기한 세대

7월의 들판

세상은 온통 초록 물결이다. 산과 벌판은 초록물이 뚝뚝 덜어질 것 같다. 얼마나 초록이 짙었으면 이상李箱은 초록이 그토록 지겨웠을까. 보는 사람의 심상에 따라서 그렇게 다르게 인식되는 풍광이다. 암흑 같았던 일제 강점기, 초록이 칠흑처럼 권태롭기만 했던 시절을 언제 벗어날지, 얼마나 하릴없이 답답했으면 그랬을까. 영 변하지 않을 것 같았던, 굴곡 없이 단조롭기만 했던 그 초록.

"아 – 이 벌판은 어쩌자고 이렇게 한이 없이 늘어 놓였을꼬? 어쩌자고 저렇게까지 똑같이 초록색 하나로 되어 먹었노? 아침이나 저녁이나 뜨거워서 견딜 수가 없는 염서炎署가 계속이다. 지구 표면적의 백분의 99%가 이 '공포의 초록색', 일망무제一望無際의 초록색은 조물주의 몰취미."

날마다 협곡 같은 초록 산 사이를 오가면서 이상李箱의 저 '공포의 초록'을 즐긴다. 오색 꽃들이 앞 다투어 피다가 유월이 깊어지면 유난히 하얀 꽃들이 초록 사이로 새뜻하게 시선을 잡아끈다. 이팝나무, 아카시,

산딸나무 등. 풀꽃으로 들판을 장식하는 야생화는 단연 개망초다. 개망초는 야산이나 빈 공터, 길가의 큰 가로수 밑의 빈 땅을 수놓는다. '날 잊지 말아요'라는 꽃말을 개망초 꽃밭에서 생각한다. 개망초꽃은 땅 파먹기 힘들었던 시절의 수많은 조상들의 영혼 같기도 하다. 망초꽃은 봄을 시샘하지도 않고, 농부들을 방해하지도 않는다. 바쁜 농사철을 피해서 한시름 쉴 때 잔잔하게 몰려온다. 후덥지근한 7월의 들판, 전쟁의 화마 속에 쓰러져 간 영혼들인지도 모른다는 생각이 떨쳐지지 않는다. 폐허가 된 고지나 삼팔선이 가로놓인 비무장지대의 언덕에도 개망초꽃이 유난히 많이 보였다.

다시 돌아온 여름의 벌판은 이상李箱의 지겨웠던 초록에서 벗어나서 희망의 초록 물결로 흔들거렸다. 그러나 그도 잠시 1950년 북한군이 밀고 들어온 7월의 들판은 무참하게도 짓밟히고 말았다. 희망의 싹이 자라는 것을 보면 뜨거워도 뜨거운 줄 모르고 더워도 땀 흘리는 보람이 있었다. 준비도 없이 마구잡이로 화마의 열기에 불타는 들판을 지켜보아야 하는 농심은 어떠했을까.

아버지의 고향 마을은 진주시 상평동, 큰들이라고 불렸다. 큰들은 삼면이 남강 물줄기가 에워싼 마을이었다. 6 · 25 전쟁의 전선이 낙동강까지 밀려와서 진주 고향마을도 술렁이기 시작했다. 피난을 가야한다고 야단이었단다. 큰집의 언니는 지금도 그때의 기억이 떠오르면 진저리가 쳐진다고 한다. 큰들은 함안 조 씨의 집성촌이었다. 이웃이 같은 함안 조씨 친척들이었다. 큰집도 친척들과 함께 피난을 가야한다고 서둘렀다. 큰아버지께서는 피난 갈 때가 어디라고, 이곳 집이 가장 안전한데 어딜 가느냐고 큰소리로 말렸다. 끝내 큰아버지께서만 홀로 집에 남고 다른 가족은 친척집으로 피난을 갔다. 큰들은 강으로 에워싼 곳이기 때문에 마치 해자가 둘러쳐진 요새 같은 곳이었다는 것을 그때는 몰랐다.

여름 과일을 따서 시장에 내야 하는 시기였다. 먹을거리들을 수확해야 하는 들판을 팽개친 채 마을을 떠나야 했다. 50리 길을 걸어서 피난 간 친척집 동네는 이미 인민군이 장악하고 있었다. 큰오빠는 군대에 가지 않았기 때문에 인민군에게 끌려가지 않으려고 담을 넘어 도망쳤다. 마침 큰올케언니는 임신한 몸이고 곧 아이를 분만할 위기에 놓여 있었다. 얼마나 창망했을까. 인민군이 설쳐대던 것도 모르고 피난지를 찾았던 것이 오히려 인민군 소굴로 들어간 꼴이 되었다. 급해서 어찌할 바를 모르는 사이에 아이를 출산한 지 며칠 만에 다시 본가로 돌아와야 할 처지였다. 그래서 얻은 아이의 이름이 '피란이'가 되어서 어른이 될 때까지 '피란아!'라고 불렀다. 나시 50여 리를 길어시 돌아오는 길은 평생 잊지 못할 악몽을 꾸는 것 같았다. 삼베옷이 다 젖도록 땀을 흘리면서 더운지도 모른 채 걸었다. 걷다가 비행기 소리가 들리면 이웃 헛간에 숨어들기도 했다. 야산을 지날 때 목격한 장면. 지금도 빈 눈깔의 구멍이 생각나면 치가 떨린다. 야산에 세운 막대기에 인민군들이 처단한 시체들을 매달았는데 두 눈알을 빼어버려서 구멍이 휑하니 났더란다. 겨우 돌아온 고향 집은 오히려 안전하였다. 큰아버지께서는 편히 있으면서 이웃집에서 밥을 빌어 연명하셨다. 이와 같은 참담한 꼴이 전국 곳곳에서 일어났던 그해 여름이었다. 엎치락뒤치락하던 전선은 서울을 수복했지만, 이듬해 동장군과 함께 끝내 국군의 비상사태가 다시 계속되지 않았던가. 아직도 끝나지 않은 전쟁은 38선이 가로놓인 정전으로 매듭짓고 지금까지 섬처럼 살고 있다. 여전히 남북문제는 언제 터질지 모르는 폭탄을 안고 있는 것 같은 상황이지 않은가. 전쟁을 겪은 세대는 흘러가지만, 수많은 전쟁이 낳은 비화는 세기를 넘어도 끝나지 않을 것이다. 상상하기도 힘든 그런 모습을 바라보아야 했던 어린 시절의 기억이 평생의 악몽으로 얼룩진 사람은 또 얼마이던가.

진주 전선이 무너졌을 때 마침 나의 아버지는 부산으로 발령을 받았기 때문에 위기를 모면하였고 우리는 부산에서 안전하게 있었다. 아버지 친구들은 그때 목숨을 잃은 분이 많았다.

부산에 온 지 얼마 되지 않아서 서울을 되찾고 압록강까지 국군이 치달았을 때 아버지는 재차 개성으로 발령을 받았다. 혼란한 시기에 어리석게도 가족들은 아버지의 발령지인 개성까지 따라 올라갔다. 큰집 식구들이 안전하게 집에 있었으면 고생하지 않았을 걸 미리 겁내어 힘든 과정을 밟은 것처럼, 우리도 그냥 부산에 있었더라면 평생의 한이 되지 않았을 텐데. 개성으로 올라갔다가 이내 후퇴하는 국군을 따라 부산으로 도로 내려가는 피난 행렬에 끼었다. 단 두어 달 동안에 맨몸이 된 거지꼴로 막내를 임신한 어머니의 고난은 평생의 지병을 만들었다. 당시에 기어 다녔던 내 동생은 지금껏 그 후유증을 앓는다.

싱싱한 초록이 열매를 익히어 아름다운 결실을 거두고 있건만, 아직도 그 후유증에 시달리는 어두운 현실이 아픈 상처를 긁는다. 못다 핀 꽃봉오리들의 영령들이 해마다 여름이면 구석구석 후미진 들판의 개망초 같은 풀꽃으로 피어나는가 싶다. 죽을 때까지 잊히지 않을 가슴의 상흔으로 남은 7월의 들판이었다.

아까시 향이 소복이 내려앉는 개망초 밭에는 작은 벌레와 곤충들의 요람이다. 흰 나비 호랑나비도 조그만 계란후라이 같은 꽃심에 앉는다. 꿀도 나오지 않을 것 같은 꽃심에 오래 앉아 어떤 속삭임을 나누는 것일까. 아무리 보아도 질릴 것 같지 않은 저 초록. 가까운 산은 산뜻한 초록, 좀 먼 산은 청록색, 더 먼 산은 희미한 안개에 쌓인 듯한 회청색이 첩첩이 조화로운 색을 연출하여 한 폭의 수묵화다. 무서운 세월을 살아준 조상들이 놓은 징검돌을 딛고, '나라 만들기' 70년을 떠받쳐 온 가치들이 주로 여름에 이루어질 수밖에 없었던 까닭이 많다. 이제 늘 희망을 노래할 수 있는 세월을 살아도 되는 것일까. '공포의 초록'을 한탄했던 영혼들에게 축복이 있으라.

도둑들

한여름 날의 소낙비 같은 것이었다고나 할까? 지독한 불볕더위를 도둑질한 것도 역시 〈도둑들〉이었다. 한낮에 볼 일을 마친 우리는 마땅히 멀리까지 피서갈 수도 없어서 영화관을 찾기로 했다. 영화 〈도둑들〉이 흥행에 성공한다는 뉴스에 접했다는 친구도 별로 그 영화에 대한 정보는 몰랐다. 세상에는 허가를 낸 도둑이 많다는 이야기 끝에 그 영화를 봤다는 사람에게 그 도둑들의 주제는 무엇이었느냐고 물었다. 뭐 별로, 하면서 단지 재미있게 볼 수 있다고만 하였다.

'신종 사기사건 2건입니다.'란 문자를 받은 적이 있다. 내용이 이렇다. "어느 날 나의 통장에 알 수 없는 많은 금액이 입금됩니다. 그리고는 한 통의 전화가 걸려옵니다. 자기 실수로 입금이 잘못되었다고, 알려주는 계좌로 다시 보내달라고 합니다. 절대로 보내주시면 안 됩니다. 해당 은행이나 경찰서에 바로 신고하셔야 합니다. 개인정보를 캐내어 인터넷으로 나의 명의로 대출한 돈이 통장에 입금된 것입니다." 이런 경우, 지시대로 하면 쓰지도 않은 돈을 은행에 갚아야 하는 사기를 당한다는 것이다. 이미 많은 사람에게 이 정보는 알려졌다. 나도 이 메시지를 받고 다른 친구에게 전했다. 친구는 한 차원 높은 답장을 보내왔다.

"알려줘서 감사, 무서운 세상사, 두렵기도 하지. 하지만 그건 좀도둑 같은 조무래기 사기꾼이지. 오늘의 정치, 경제, 사회, 문화, 종교, 교육 등 만연된 고차원적 고급사기꾼들. 그들은 우리 지갑을 노리지 않고 우리의 영혼과 생명을 겨냥하지. 자기들 이익의 희생물로, 길든 노예로! 우리는 모르지, 알 수도 없지. 나는 사회적 모범생! 그렇게 길들었지. 의식으로 깨어나 정신 바짝 차려야지. 이놈의 코 베어 갈 세상. 범보다 무서운 것은 나라 임금이라고 산수에 묻혀 산 옛사람 얘기가 있지. 조심하라고. 소식 줘서 고맙고, 감사."

우리가 접하는 뉴스나 주위를 보면 모두 해당 조직에서 자기 앞의 이익을 챙기려는데 전전긍긍이다. 정치판에 돈이 관련되지 않은 사례를 보기 드물다. 정직한 상품을 파는 가게를 찾기 어려운 세상이란다. 흔히 모두 도둑놈뿐인 세상이란 말을 자주 듣는다. 이제 온 국민의 관심사였던 올림픽이 좋은 성과를 올리고 대망의 막을 내렸다. 오늘날 문화와 스포츠도 산업화하였기 때문에 돈과 관련되는 복잡한 면도 없지 않다. 올림픽에 목매지 않아도 선진국으로서 자유로운 나라들도 많다. 가난하게 살다가 갑자기 부자가 되어 돈벼락 맞고 열광하는 형국 같게도 보이는 우리 스포츠 문화계의 일면도 있다. 우리나라도 이제는 좀 즐기는 스포츠여야 하지 않을까 싶다. 올림픽 금메달 선수들은 런던에서 땀 흘리며 땡볕의 날들을 이겨내고 영웅이 되었다. 개인과 국가의 명예를 온몸에 거머쥐고서. 우리나라는 한여름 날의 축제를 맞은 것 같지만, 모두의 축제랄 수는 없을 것이다.

영화관에 들고 보니 입추의 여지도 없이 사람들이 붐벼서 놀랐다. 과연 상영 22일 만에 천만 영화가 되었다는 말이 실감났다. 마침 시간대가 맞아 우리도 〈도둑들〉을 보았다. 한낮의 피서가 따로 없었다. 젊은이에서 노인에 이르기까지 좌석이 꽉 찼다. 배우들이 아주 잘 나가는 캐릭터들이었다. 요즈음 보니 한국 영화도 스토리와 주제가 위주인 시대는 아닌 것인가. 영화 속에 삶이 있고, 삶이 또한 영화를 만든다. 그런데 이 영화는 생각할 여지없이 달리는 영화랄 수 있다고 할까. 내용의 흐름을 잘 파악하기 어려웠지만 도둑질하는 기술들이 시원한 스릴을 자아냈다.

전문적으로 문화유산도 터는 도둑들이 활동하는 무대 마카오에 그들이 모인다. 태양의 눈물이라는 어마어마한 고가인 다이아몬드를 털기 위해서다. 하지만 도둑들은 의리를 앞세우지만 누가 다이아몬드를 손에 넣을지는 알 수 없다. 줄거리가 이어지는 흐름은 알 수가 없었다. 단지 캐릭터들이 멋진 행동으로 연출하는 것을 보는 재미랄까. 기승전결로 펼쳐지는 이야기를 생각하면 아무 재미도 없을 수 있다. 캐릭터들이 젊은이들의 우상들인가 싶기도 하였다.

이런 영화들이 한국의 젊은이들을 선도하는 것일까. 젊은이들의 패션을 보라. 나의 젊은 때를 생각하면 할 말이 없다. 젊은 한때랄 수 있지만, 요즈음은 젊은이, 중년, 늙은이 할 것이 없지 않은가. 중년들도 대학생 차림으로 그 젊음을 과시하고 싶어 한다. 청바지 찢어진 것을 아기 엄마들이 입는 등, 제멋이지만. 모든 문화에 어떤 기준이 없어진 것이다.

까마귀들이 사는 동네에 멋쟁이 딱따구리나 꾀꼬리가 나타난다. 까마귀와 같지 않은 까마귀가 등장한다. 그들이 패션을 선도하게 된다. 톱니바퀴에 모래를 뿌리면 천천히 돌게 되는 것처럼, 까마귀가 패션 리더를 따라 하는 대로 연쇄반응을 일으킨다. 소비 형태가 다 그렇다. 덜 쓰게 하는 방법은 뭐란 말인가. 요즘 결혼문화에 대한 문제도 그렇단다. 젊은이들의 결혼문화 때문에 노년층이 파산한다는 예가 많다는 것이다. 그래야만 사람대접을 받고 있는가. 사람대접을 하는가.

새로운 딱따구리나 꾀꼬리를 만들어 선보이는 〈도둑들〉류의 문화상품에 열광하면서 자신도 모르게 염색되어 그런 행동과 패션을 열망하고 분에 넘치는 상품에 길드는 것인지도 모른다. 가치에 대한 전도. 문제는 딱따구리나 꾀꼬리들의 생활철학에 있을 것이다. 이런 영화에 철학을 이야기하자면 소크라테스처럼 독배를 마셔야 할지도 모른다. 자본주의 사회에서는 소위 상류층이랄 수 있는 부자들이나 지식인들과 정치인들의 태도가 많은 영향을 주기 마련이다. 문화계를 주도하는 사람도 마찬가지다.

이것은 욕망에 대한 이해를 요구한다. 사회의 잘못된 리더에 희생되지 않고 자본의 노예가 되지 않을 해법을 확고히 해야 한다. 친구 말대로 정신이 바로 서야 한다. 비범하게 되지 못하면 평범하게 되는 꿈을 찾아보되, 찾지 못하는 사람에게는 평범한 것을 당연히 받아들여야 한다. 재미있게 할 수 있는 것을 찾게 되면, 시야가 좁아지면서 사회에 대한 두려움에서 벗어나서 인생이 편하게 된다? 여태까지의 욕망에서 자유스러워질 것이다.

영화는 끝이 나고 밖은 여전히 더웠다. 뜨거운 열을 마다치 않고 돈 버는 사람들 대신에 영화관을 꽉 메운 사람들도 된더위를 도둑질한 돈 쓰는 도둑들이었다? 굳이 메시지를 따진다면 모두 도둑들이란 것일까? 도둑놈들도, 도둑년들도 아닌.

무궁화 꽃만큼만

'무궁화 꽃이 피었습니다.' 지난 가을에 무궁화 꽃가지를 몇 가지 꺾어다가 화분에 꽂았다. 무심히 물주고 바라보기 하다가 겨울을 지나고 늦은 봄이었다. 드디어 한 가지 끝에서 꽃송이가 맺히기 시작했다. 무궁화와의 인연은 몇 십 년 전부터 맺었건만 그 속내를 잘 몰랐다.

된더위가 계속 되던 지난여름 어느 날, 연밭에서 연꽃을 감상하다가 저녁이 되어 주위가 어둑해졌다. 아! 무궁화나무구나! 연밭을 둘러싼 울타리에 돌돌 말린 무궁화 꽃들이 달려 있었다. 불현듯 떠오른 글. "깊은 밤중의 무궁화나무 덩어리에는 야광 페인트처럼 빛나는 부분이 있다. 다물어서 길쭉해진 꽃들이 어둠을 배경으로 짧은 붓자국의 흔적으로 나타난다." 내가 본 것이 바로 그 어둠 속의 붓자국 같았다.

고故 김점선 화가의 '무궁화만큼만'이란 글 속의 한 대목이다. 그녀는 어렸을 때 무궁화 꽃이 촌스럽고 벌레가 많이 끼어서 싫다고 말하는 사람들 얘기를 들은 뒤부터 무궁화나무를 생각했다. 꽃의 어떤 특징을 말함일까. 왜 하필이면 조상이 이 꽃을 자손들에게 기억시키려고 했을까.

무슨 교훈이 이 꽃에 숨겨져 있어 조상 중 누군가는 이 꽃을 사랑했을까. 무궁화 꽃은 초여름부터 늦가을까지 오래오래 핀다.

어른이 된 점선은 무궁화나무가 다섯 그루나 있는 넓은 마당이 있는 집에 살게 되었다. 막 여름이 시작되려던 어느 날, 구멍이 난 무궁화나무 잎사귀를 갉아 먹고 있는 벌레 한 마리를 보았다. 차츰 벌레가 많아지고 잎사귀는 구멍만 난 게 아니라 잎줄기만 남기고 통째로 없어졌다. 그러는 동안 그는 아무 말도 없이 계속 물로 씻기고 잡초만 뽑아주었다. 나무에도 생명력이 있다. 나무도 자신을 지켜야 한다. 사람이 나무 편을 들어서 벌레를 죽여주는 것은 자연의 질서를 파괴하는 일이라고 그녀는 생각했다. 벌레는 오로지 무궁화 잎만 먹었다. 다른 나무에는 벌레는 없었다. “스스로 살아갈 힘이 없는 나무는 죽어 마땅하고 사람도 국가도 마찬가지다. 그것이 우주의 질서라고 생각했다.”

무궁화 다섯 그루의 잎은 모두 없어지고 대신 벌레들이 가득 붙게 되었다. 마침내 벌레도 먹을 것이 없자 힘이 없어 보이고 숫자가 줄어들면서 언젠가는 아주 없어져 버렸다. 무궁화나무는 완전히 벗은 상태가 되어 하늘 속에 모든 가지를 뚜렷이 드러내게 되었다. 그래도 그녀는 아무에게도 말하지 않고 하염없이 하늘만 쳐다보았다. 그러면서도 하루에 몇 번씩 나무들을 보러 마당에 나갔다. 그러던 어느 날, 나뭇가지 끝의 연두색이 짙어진다 싶더니 싹이 텄다. 잎들이 죽어가던 속도보다 더 빨리 피어났다. 그래도 그녀는 아무 말도 않고 아침저녁으로 물을 주었다. 무궁화나무는 완전히 회복되었다. 그해 여름에는 한 열흘쯤 꽃이 더디게 핀 것 말고는 아무 일도 없었단다. 그야말로 은근과 끈기의 무궁화 정신을 물려받은 그녀였다고 생각했다.

무궁화나무와 함께 산 지 몇 년이 흐르자 그녀는 무궁화나무가 사람처럼 여겨졌다. 그녀는 살아 있는 사람에게서 느끼는 감동을 나무에서 체험하고 싶었다. 밤새 어떻게 변했는지 살펴보고, 편안한 눈과 몸으로 새벽안개 속에 서있는 나무를 한참 동안 바라보았다. 외출했을 때 대문에 들어서기도 전에 담 너머로 무궁화나무부터 먼저 바라보았다. 한낮에 활짝 핀 무궁화 꽃을 정면으로 들여다보았다. 여름이 깊어가는 어느 날 저녁 무렵에 비가 부슬부슬 내렸다. 젖은 잔디를 밟으며 무심히 걷다가 습관처럼 고개를 들고 무궁화나무를 올려다본 순간, 그녀의 숨이 멎었다. 머리 뼛속에서 지진이 일어나듯 커다란 틈새가 벌어졌고, 그 사이로 수십 년간 품어오던 질문의 해답들이 한꺼번에 쏟아져 흘렀다. "이것이다. 바로 이것이다. 조상들이 내게 주려고 한 것, 이 꽃을 통해서 내게 전달하려고 했던 게 바로 이것이나. 싱싱하고 선상한 아름다움. 숨겨진 듯해서 얼핏 눈에 띄지 않는 모습. 그들은 우리가 이렇게 살기를 원했다."

유난한 불볕더위 속에 나는 발 근육통 때문에 매일 병원에 다녔다. 오가며 점선이 체험했던 무궁화를 나도 그대로 체험하고 싶었다. 그녀처럼 마당에 무궁화나무가 있는 집이 아니어서 무궁화나무를 찾아다녔다. 어둠 속의 붓 자국을 본 다음 날 한낮에 그곳을 찾았고, 이웃 마을의 집

울타리나 길가에 서 있는 무궁화나무를 관찰하기 시작했다. 하얀 꽃잎 속에 일편단심을 상징하는 듯한 선명한 꽃심 앞에서 나도 눈을 크게 떴다가 감았다 하면서 꽃 속을 들여다보았다. 파란 하늘의 뜨거운 태양 아래에서 탐스러운 꽃송이들로 나무 전체가 빛나고 있는 모습을 넋 놓고 바라보았다.

달밤에도 궁금하여 무궁화나무 곁으로 가봤다. 가로등 불빛이 달빛보다 강렬해서 꽃이 잘 보이지 않았다. 나무 가까이 가서 같이 호흡을 나누었다. 한낮에 피웠던 무궁화 꽃은 모두 오므라들고, 내일의 꽃봉오리가 겉껍질을 트고 빨간 꽃잎 끝을 내밀고 있었다. 그리고 그 다음 날의 꽃봉오리들도 가지에 수없이 다닥다닥 붙어 있었다. 무궁화나무 뒤 숲에서는 방울벌레 소리가 짜르르 울리고 함께 우는 풀벌레들의 소리가 한밤의 숲 속 연주회 같았다. 풀벌레들의 합주에 잠자는 듯한 무궁화나무 옆에서 나도 눈을 감고 나무 전체를 빛나게 하던 활짝 피웠던 꽃들의 잔상을 그려보았다. 그때 내 마음속에 와락 그 '싱싱하고 건강한 아름다움'이 가슴 뻐근할 정도로 가득 찼다.

광복절, 민족이 빛을 되찾은 날, 태극기에 무궁화 꽃이 겹쳐서 펄럭이는 것 같았다. 무궁화나무는 튼튼하고 건강하다. 가지도 질겨서 잘 꺾이지 않는다. 각각의 꽃송이가 모두 싱싱하고 아름답다. 시든 모습을 전혀 보이지 않는다. 매일매일 새로운 꽃이 빛을 향해 열리고 저녁이면 소리 없이 접힌다. 무궁화나무 밑을 보면 돌돌 말린 채 떨어진 꽃송이들이 수북하다. 어제의 꽃들이 떨어진 위에 오늘의 꽃이 밤중에 또 소리 없이 쌓일 것이다. 그래서 무궁화 꽃은 종이에 그릴 수는 있지만 꺾꽂이를 할 수가 없다. 그렇게 무궁하게 피고지고 오랫동안 언제나 싱싱하고 건강한 아름다움을 드러낼 것이다. 우리 한민족의 근면성과 순결, 끈기와 유구성이 무궁화의 생태적인 특성을 닮아 은연중에 나라꽃이 되었을까. 고대로부터 우리나라에 많이 자생했다는 무궁화 꽃이 우리 민족을 닮아서일까. 그 이름처럼 무궁히 뻗어 나갈 것이며 '무궁화 삼천리 화려강산'이리라.

이 여름, 날마다 중얼거렸다. '무궁화만큼만, 무궁화 꽃만큼만!', 그렇게 살고 그렇게 질 수 있으면……. 마지막으로 병원에 갔던 날은 아침부터 비가 쏟아졌다. 돌아오는 길에 무궁화 군락지를 찾았다. 점선의 마지막 말이 가슴에 절절히 맺혔다. "여자들은 모름지기 무궁화만큼만 아름다울 것이며, 사랑은 무궁화 꽃처럼 드러나지 않을 만큼 애정이 깃들인 오랜 눈길 속에서만 비로소 아름답게 나타난다. 무궁화 꽃은 본래의 아름다움이 무엇엔가 가려져서 조금만 보이는 듯한 그런 꽃이다. 그 가려진 것을 치우고 싶게 만드는 꽃이다. 언젠가 더욱 아름다워질 것만 같은 그런 꽃이다. 무궁화 꽃에는 절제 속에 가득한 힘, 숨겨진 힘, 절제와 질서와 힘을 동시에 포함하고 있는 듯한 이상한 아름다움이 스며있다." 그때, 그런 아름다움이 빗물에 젖은 커다란 무궁화나무 전체에 펴져 있었다.

붉은 꽃잎을 세면서

어느 조촐한 창밖에는 흰 눈이 풀풀 내리는데, 세상 줄을 놓지 못해 푹푹 안간힘을 쓰던 한 사람이 그만 맥을 떨어뜨리고 만다. 그 시간 먼 골짜기의 눈부신 설경이 펼쳐지는 마을에서 새 생명이 태어난다. 나의 창가에는 홀연히 날아온 듯한 햇살에 게발선인장 꽃이 눈부시도록 찬란하다.

북한의 김정일이 죽었다는 소식을 들은 날은 햇살이 아주 좋았다. 겨울 햇살은 보기만 하여도 아까워서 햇빛 산책을 나섰다. 앙상한 나뭇가지 사이로 맨살을 드러낸 산들이 가슴 울컥하리만치 정겹고 안쓰러웠다. 거추장스러운 짐을 내려놓고 긴 휴식의 잠에 빠진 듯한 산이 안락하게 보였다. 바람은 차고 눈이 시리도록 하늘은 푸르렀다.

천만 명 넘는 국민을 학살한 소련 독재자 스탈린은 외동딸 스베틀라나를 '작은 참새'라 부르며 사랑했단다. 히틀러의 후계자 격이던 헤르만 괴링은 막 걸음마를 시작한 딸의 안정을 위해 자동차도 함부로 다니지 못하게 아우토반(고속도로)을 폐쇄했다나? 히틀러는 자식이 없어 개에게 사랑을 쏟았다고 한다. 셰퍼드와 함께 밥을 먹고 침실에서 함께 잤다고 한다. 김정일의 딸 김여정으로 보이는 젊은 여성이 검은색 한복 차림으로 조문객을 맞는 모습이 보였다. 김정일도 식사 때면 왼쪽 옆자리에 딸을 앉히고 '여정 공주'라고 부르며 귀여워했단다. 독재자들은 백성의 생명과 안녕에는 눈 하나 깜짝하지 않으면서 자기 딸이나 동물에게는 지극한 사랑을 쏟았다는 정신 상태를 어떻게 이해해야 할까. 권력의 구도에서는 형제자매들조차 배제된다. 마음 놓고 부모의 죽음 앞에 당당하게 조문할 수도 없는 그들의 현실이다. 핏줄로 따지면 같은 부모를 공유한 자식들이요, 모두가 아버지 수령님의 아들딸인데 말이다. 봉건주의 시대 왕권 유지의 방법이 아직도 유효하다는 것이 신기하도록 안타깝다. 얼마나 긴 관습의 순환을 거쳐야 할까. 깨어나고 보면 한순간인 세상살이인 것을. 순수한 생명을 구현하지 못한다는 것이 슬프기만 하다.

연일 바람이 차갑던 날씨가 좀 풀리는 것 같다. 그래도 겨울이다. 긴 휴식 중에도 빈 가지에 마른 잎을 달고 서 있는 나무들에 기대어보면 물 흐르는 소리가 들리는 듯하다. 생명의 물줄기 한 호흡마다 기적이다. 스스로의 힘으로 일상을 경영하며, 자연에 기대어 땅과 호흡하는 생명의 기운을 느낀다는 것. 느티나무 씨앗 하나가 바위틈에서 싹이 나고 크면서 바위를 갈라놓는 이 힘찬 생명의 숨결을 나눈다는 것이 경이롭다.

옛사람들은 동짓날부터 99소한도를 그리면서 겨울을 보냈다던가. 그

추웠던 시절 매화도를 그려놓고 매일 한 송이씩 붉은 물감으로 색칠하며 홍매를 피워냈다지. 마지막 99송이 홍매화가 피어나면 창밖의 매화나무에 진정 매화가 맺혀있다 했던가. 많은 사람들이 그런 풍류를 누릴 수나 있었겠나. 특권을 누렸던 조선의 문인 화가들에게나 해당한 복이 아니었을까. 매화 그리기에 벽癖이 있던 조선 후기의 화가 조희룡쯤이면 당연했으리라. 〈매화도 대련〉이나 〈매화서옥도〉는 겨울에 보면 어찌나 화사한지 이 추운 겨울이 무색할 지경이니 말이다. 그의 매화는 전 시대의 문인들처럼 매화를 짓누르고 있던 힘겨운 상징성과 지조 성을 전부 털어버렸다. 푸르스름한 달빛 아래 고고한 청덕淸德의 매화가 아닌 꽃 자체로 아름다울 뿐이다. 매화 병풍을 둘러치고 잠잔 뒤 매화차를 마시고 매화 시詩를 읊조린 그였으니 말이다. 화사한 매화도가 아니래도 추운 시대를 극복한 옛 사람들을 생각하면서 동토의 북한도 우리도 그렇게 혹한의 시절을 잘 극복하면 좋겠다.

생명의 물줄기는 순간도 멈추지 않는다. 찬연한 빛을 자랑하던 게발선인장 꽃이 한 송이씩 시들고 떨어진다. 사막을 몇 바퀴나 돌고 돌아야 다시 찬란한 빛이 모일까. 99소한도를 그리듯이 떨어진 마른 꽃잎을 세면서 이 겨울 속의 봄빛을 누린다. 아마도 저 선인장 찬연한 빛이 사라질 때쯤이면 전주 경기전 뜰의 홍매가 피어날 것이다.

‘천리에 외로운 꿈’
– 전북 지방을 중심으로 본 조선시대의 여성문학 소고 –

언뜻 눈길이 꽂혔던 단어 한마디는 ‘적원敵園’이었다. 적의 뜰이라! 김호연제浩然齋(1681–1722)의 시 「촉오형屬伍兄」이었다.

> 암담하고 괴로우니/ 늘 적의 뜰敵園에 있는 것 같네/ 다시 만날 인연도 없이/ 저마다 시집을 가야만 하네/ 길이 머니 글을 부치기 어렵고/ 봄이 깊으니 기러기도 날지 않네/ 꿈속에서도 얼굴이 잘 보이지 않네/

시집온 지 십여 년 가까이 되었어도 호연재는 시댁을 적국敵國으로 묘사할 정도로 시집살이가 고달팠다. 친정에서는 서모인 어머니를 비롯해 형제들이 자유로운 문학 환경에서 살았기 때문에 친가에 대한 그리움은 당연했으리라. 시대를 넘어 현대에 와서도 그런 생각을 했던 적이 있었던 예전의 나를 생각하니 동지애적인 상념에 잠시 젖었다. 경상도가 고향인 내가 전라도의 땅에서 살게 되었으니 고대에는 과연 적국이었던가. 전주에서 신접살이 십여 년까지의 세월이 호연재의 심정이었을까. 그 같은 시집살이를 한 적도 없었고 출입도 자유로웠지만 현대적으로도 잠시 그런 생각이 들 때도 있었다. 결혼 초년 시절에는 남편과의 관계에서 적과 동지를 오가면서, 때때로 적과 동침했던 시절이었으니까 말이다.

조선시대의 호연재는 얼마나 답답했을까. 남편과의 순탄하지 않은 부부생활 속에서 홀로 지내는 시간이 많았으니. 당연히 호연재는 친정과 혈육을 잊지 못하는 시를 많이 지었으리라. 고통스러운 시댁의 삶에서 해방하기 위해 술과 담배도 접하였고 나중에는 허난설헌처럼 선계仙界를 동경하기에 이르렀단다. 호연재는 늙어서도 고향에 대한 이별의 한을 품고 살았음을 그의 시 「자탄」에 고스란히 묘사했다. 그 시절은 길이 멀어서 갈 수도 없었으니 죽어서라도 돌아가고 싶었던 것이다. 가끔 내가 농담처럼 남편에게 했던 말 '나 죽으면 부산이나 진주 땅에 묻어주오!'란 것처럼. 그때까지만 해도 적원敵園에서 사는 것 같을 때가 많았던 터였다. 얼마나 외로운 나날을 보냈기에 적의 뜰이라 표현했을까.

'천리에 외로운 꿈'은 유명한 이매창의 시조 '이화우 흩뿌릴 제'의 종장 구절이다. 조선의 여성 문학이라면 황진이와 더불어 이매창, 허난설헌을 먼저 떠올린다. 기녀이면서 예술인이었던 그들을 마치 조선의 여성 문인을 대표하는 것처럼 알려져 왔다. 그들의 삶과 문학은 이미 많은 연구가 나와 있기 때문에 일반인들이 잘 모르던 이 지방의 여성 문인들을 살펴보는 재미가 있었다.

국립전주박물관에서 〈조선의 여성문학〉특별전을 열었던 적이 있었다. 전북지방을 중심으로 남아 있는 문서와 그림들을 살펴볼 기회였다.

조선시대 전기까지만 해도 여성의 지위와 역할은 남성과 대등했다고 볼 수 있었다. 조선 중기까지 나타난 〈재산분배기〉를 보면 남녀가 똑 같이 재산과 노비까지 나누었고 제사도 나누어서 지내기도 했다. 조선 중기부터 후기로 오면 성리학 영향으로 여성의 사회 진출과 표현 행위는 많은 제약을 받았다. 성호사설[星湖僿說]을 지은 이익(1681-1763)의 글에서 당시 사대부들의 여성 문학에 대한 보편적인 인식을 살펴볼 수 있었다.

> "글을 읽고 의리를 강론하는 것은 남자가 할 일이요, 부녀자는 질서에 따라 조석으로 의복, 음식을 공양하는 일과 제사와 빈객을 받드는 절차가 있으니, 어느 사이에 서적을 읽을 수 있겠는가? 부녀자로서 고금의 역사를 통달하고 예의를 논설하는 자가 있으나 반드시 몸소 실천하지 못하고 폐단만 많은 것을 흔히 볼 수 있다."
>
> 이익 『성호사설』권 16 「인사문 부녀지교」발췌.

그럼에도 남녀 불문하고 자신을 표현하고자 하는 욕구는 묻어놓을 수가 없었다. 모든 조건이 제한된 시대에도 문장으로 중국에 이름을 떨쳤던 여성이 있었는가 하면, 마을 사람들에게 보시를 권하는 글을 지은 여성이 있었다. 또한 남편을 훈계한 여성이 있는가 하면, 임윤지당 같이 성리학의 심오한 철학을 이해하고 자기의 생각을 펼친 여성도 있었다.

여성, 세상의 절반을 차지하고 있음에도 남성보다 한참 못한 대우를 받던 여느 여성이 아니라 남성과 대등하거나 오히려 남성보다 뛰어났던 여성들이라고 할 수 있다.

그런 여성으로 첫손가락 꼽을 수 있는 이가 순창의 설씨 부인이다. 설씨 부인(1429-1509) 은 신숙주의 동생인 신말주의 아내이다. 신말주는 벼슬을 버리고 부인 설씨의 고향인 순창에 내려와 은거하였다. 설씨 부인의 권선문 전문 16폭과 그림 두 폭을 원문 그대로 감상할 수 있었다. 강천사의 중건을 위해 신도들에게 시주할 것을 권장하는 내용의 글과 그림을 그려 돌려보게 하였던 것이다. 두 폭의 그림은 사찰의 채색도이다. 이 권선문의 내용은 여성 문인으로써는 보기 드문 인과법에 따라 지은 글이라서 높이 평가되기도 하고, 누구라도 읽으면 보시를 하고 싶은 마음이 일도록 썼다. 실제로 보시하여 복을 받았던 사례까지 들었기 때문에 설득력이 있었다. 필사본 그대로 남아 있어 높이 평가할 만한 것이다. 신사임당의 그림보다 100여 년 앞선 조선 시대 여성문인이 쓰고 그린 그림 중에서 가장 오래된 필적이라는 점에서 전북지방의 자랑이라 할 수 있는 작품이다. 순창의 명산인 강천산 입구에서 강천사를 향해 조금 올라가면 오른편으로 설 씨 부인의 공덕 탑비가 세워져 있고 그때 있었던 암자 자리를 표시한 작은 공원이 조성된 것을 발견할 수 있다.

또한, 중국 명나라에서 펴낸『열조시집』에는 '유여주의 처'가 지은 3편의 시가 수록되어 있다. 유여주의 처는 1492년 부여 중정리에서 김수천의 장녀로 태어난 김임벽당(1492–1549)이다. 남편이 기묘사화 후 낙향하여 임벽당을 짓고 은거하였다. 궁벽한 촌에서 가난하게 살아 손님을 제대로 대접하지 못하는 삶을 담담하게 풀어낸 시가 눈에 띄었다. "땅이 구석지어 찾는 이 적고 산이 깊으니 속세의 일 드물구나/ 집이 가난하여 한 되 술도 없어/ 자고 갈 손님도 밤에 돌아가네/ 「빈녀음」전문.

미암眉巖 유희춘柳希春(1513–1578)의 아내인 송덕봉은 유배 가게 된 남편을 뒷바라지하였다. 시절 좋은 봄날에도 자신은 오직, 술과 고운 자태에 흥미가 없고 오로지 서책에만 즐거움을 찾는다는 유희춘에게 다른 것에도 관심을 두고, 사직을 권유하는 시를 지어 보내기도 하였다. 이런 시는 그녀가 남편과 종속관계가 아니라 대등한 위치였음을 보여준다. 『미암일기』는 국가의 보물 제250호로 지정되었으며 그의 「庭訓」 또한 후대에 교훈이 되는 글로 유명하다. 담양에 가면 그의 유적을 만날 수가 있다.

자기 시에 대한 자부심이 대단했던 여성 문인도 있었다. 조선왕실의 혈통을 이어받은 이봉(1526–)의 서녀 옥봉은 조원 (1544 1595)의 문장이 뛰어남을 알고 스스로 소실이 되기도 하였다.

1998년 4월, 한글 편지글이 이응태(1556–1586)의 무덤에서 발견되어 세상을 놀라게 한 사건이 있었다. 원이 엄마의 편지글은 한글 흘림체로 쓰여 있어서 판별하기도 어려웠다. 아내로서 지아비에 대한 질절한 사랑을 표현한 글이었다.

김삼의당(1769-1823)

지아비에 대한 극진한 보살핌을 폈던 여성 문인으로서 주목이 되는 김삼의당의 문집은 그야말로 자서전이라고 해도 과언이 아니었다. 남원에서 나고 자란 삼의당은 과거 공부를 하는 남편의 든든한 내조자의 역할을 충실히 수행한 여성 문인이었다. 삼의당은 남원부 봉서방에서 김일손 (1464-1496)의 후손인 김인혁의 딸로 태어났다. 18세 되던 해 같은 마을에서 같은 해, 같은 달, 같은 날 태어난 담락당 하립(1769-1830)과 혼인하였다. "………혼례식 치뤘던 날 밤에 지아비가 연이어 절구 두 편을 읊었으며, 내가 그것에 화답하였다."

"십 팔 세 선랑과 선녀/ 동방 화촉 밝히는 좋은 인연이로다/ 같은 해 같은 달에 태어나 같은 마을에 살았으니/ 이날 밤 상봉이 어찌 우연이리/ 이하 생략.

삼의당의 노력에도 남편이 과거에 실패하고 가세가 기울어지자 진안 마이산 근처로 거처를 옮겨 살았다. 이때의 시들은 모든 욕심을 버리고 자그마한 땅을 일구며 안분지족하는 모습을 보여주었다. 남편 하립이 향시에 합격하고 회시를 보러갈 때 지은 시가 마지막 작품이었다. 그 뒤 끝내 남편은 과거에 급제하지 못하자 절필하고 말았다.

"경오년 (1810년 9월 남편은 향시에 합격하고 회시를 치르기 위해 출발함에 나는 시를 지어 전송하였다.) '학문에 뜻 세우기 어찌 이리 더딘지/ 사십 나이에 흰 살쩍을 쓰다듬네/ 또 서울을 향하며 먼저 웃고 가나니/ 객지 생활에서 울며 돌아올 일 만들지 마세요./『삼의당김부인유고』에는 자신의 성년식에서 가졌던 다짐부터 남편의 과거시험 뒷바라지할 때의 감상과 초당에서의 꿈결 같던 생활 등이 고스란히 묻어 있다고 한다.

서영수합徐令壽閤(1753-1823)

한 남자의 아내이며 어머니였던 여성, 자식에 대한 가르침이 지극했던 여성을 꼽지 않을 수 없다. 특히 감격했던 여성은 서영수합徐令壽閤(1753-1823)이다. 영수합은 여자가 붓을 잡고 종이를 대하는 것을 스스로 좋게 여기지 않았다. 그러나 남편 홍인모(1755-1823)가 만년에 자기 시에 화답할 사람이 없자, 영수합에게 시 짓기를 강권하였다니, 남편 복이 많았던 그녀였다. 그 시절 참으로 초현대적인 남편의 표상이었지 싶다. 영수합은 남편의 시우詩友가 되기 위해 붓을 들었으나 남편이 죽은 후에는 결국 붓을 꺾고 만다. 그러나 영수합은 자식의 교육에는 철저하였던 모양이다. 영수합이 바로 정조 임금의 따님, 숙선옹주의 부마가 된 홍현주의 어머니였다. 어찌 감개무량하지 않은가. 이 어머니가 아니었던들, 내가 어찌「동다송」을 접할 수 있었겠는가. 추사 김정희와 茶聖 초의선사와 많은 문사와 교유한 인물이 홍현주였다. 특히 초의선사로 하여금 茶書 동다송을 짓게 하고 다도를 정립하는 계기를 준 사람이기 때문이다. 동다송의 첫 장에 '承海道人命作 草衣沙門意恂(해거도인의 명을 받아 초의사문의순 지음' 이라고 명기되어 있지 않은가.

海居道人 洪顯周(1793-1863)는 우의정을 지낸 홍석주와 홍일주와 형제간이었으며 모두 문장과 학문에 뛰어났다. 영수합의 철저한 교육 덕분이었다고 할 수 있다. "『금계필담』을 지은 서유영은 영수합을 가리켜 '어릴 때부터 계산법에 밝고, 배우지 않았는데도 능히 서경을 읽고 기삼백朞三百의 주注를 한 번 보고는 해석하였다.'고 기록하고 있다. 어렸을 때부터 타고난 재능을 지니고 있던 영수합이었지만 여성의 도리를 다하기 위해 남편의 강권이 있기 전까지 붓을 들지 않았으며, 결국 남편이 죽은 뒤 곧바로 절필하였다. 남편 홍인모의 문집 『족수당집』뒤에 부록 되어 있는 『영수합고徐令壽閤稿』에는 한시 115편 191수, 사辭 1편이 실려 있다."

다음 궁중 여성의 글을 들 수 있다. 성종의 어머니인 소혜왕후(1407-1504)가 1475년에 편찬한 『내훈』. 인목왕후(1584-1632), 광해군 즉위 후 영창대군이 살해당하고 자신도 1618년부터 5년 동안 서궁에 유폐되었다가 인조반정으로 복위하였다. 서궁에 유폐되었을 때 자신을 기력이 다한 쓸모없는 늙은 소에 비유하여 쓴 시 「在西宮自嘲」가 목판본으로 남았다. 혜경궁 홍씨가 쓴 한시, 종이에 먹紙本墨書가 남았는데 인목왕후의 작품은 해서체인데 기백이 느껴지지만, 혜경궁홍씨의 시는 행서체로서 꿋꿋하며 부드러움도 묻어나오는 작품이었다. 인목왕후와 정명 공주가 지은 것으로 알려진 『서궁일기』, 『인현왕후전』 『한중록』등은 궁중에서 일어났던 사건을 서술한 문학 작품이자 당시 왕실의 풍속과 역사성까지 살펴볼 수 있는 자료가 된다.

조선시대 여성 문인으로 큰 자리를 차지할 뿐 아니라 여성 문인으로 대표할 만큼 알려진 문인이 기녀 문학가였다. 신분이 낮았지만, 사대부들과 교유가 활발할 수밖에 없었던 위치에 있었으니 종합 예술인이어야 했던 여성들이었다. 황진이, 이매창 등은 많이 알려져서 그들의 대표 작품은 지금까지 회자하고 있다. 기녀들은 정실의 자리를 차지할 수 없었기에, 평생을 정인과 함께 삶을 나눌 수 없었으므로 자신의 처지를 한탄하거나 애절한 만남과 이별의 글이 대부분일 수밖에 없었던가 싶다.

황진이와 이매창 이외에도 기녀 출신으로 166수의 시를 남긴 설죽, 떠나는 임께 시조를 지어 받친 홍장, 홍낭, 시 잘 짓고 그림 잘 그렸던 죽향도 있었다. 각기 정인을 만난 기쁨과 이별의 심정을 시에 담았다. 남장하고 금강산을 여행하였던 김금원, 당시에는 바람난 여자로 손가락질 받았겠지만, 뒤에 여행기도 남겼단다.

김이양(1755-1845)의 소실이 되었던 운초가 주목되었다. 운초는 풍부한 감성과 다양한 언어구사로 빼어난 문학 작품을 남겼다고 한다. 운초의 성은 김씨이며, 이름은 부용으로 본래 양반가에서 태어났으나 중간에 기녀가 되었다가 1831년 연천 김이양의 소실이 되었다. 기녀 시절 운초는 시에서 자기 자신을 절세가인으로 비유하는가 하면, 연못에 가득 핀 붉은 연꽃이 아름답다 한들 자기에는 미치지 못한다고 할 정도로 대단한 자긍심을 가지고 있었다. '연꽃이 연못 가득 붉게 피어/ 사람들이 나보다 연꽃이 예쁘다고 말하지만/ 아침에 내가 연못가를 지나가면/ 사람들은 어찌하여 꽃을 안 보나' 라고 했다. 김이양도 운초의 자질을 높이 평가하여 서로 애정이 묻어난 시를 주고받았다고 한다. 특이한 점은 김이양이 죽은 후 운초는 자기의 처지와 비슷한 이들과 '삼호정시회'를 결성하여 활동한 점이다. 현대와 같은 동인의 모임이었다. 이름을 남기지 않았지만 조선후기로 와서는 규방 모임에서 길삼가, 시절가, 교육가 등의 가사를 함께 낭독하였으니 자녀 훈육에 힘쓴 것은 고금이 다르지 않았다.

전북 문학의 특성 가운데 하나로 꼽는다면 '저항성'을 들 수 있다고 한다. 조선시대 판소리계 소설에서 기인하는 것으로 판소리계 소설의 저항과 풍자, 비판의식이 오늘의 전북 문학에 면면히 이어진다는 평을 받고 있다고 한다. 신라의 향가가 남성인 승려와 화랑이 지은 것이 대부분이라면 전북 문학의 뿌리에는 행상 나간 남편을 기다리며 「정읍사」를 지은 이름 모를 여인이 있으며, 가사가 남지 않은 「선운산가」, 「지리산가」 등은 모두 여성이 부른 노래다.

조선시대에도 전북지역에서 나고 자란 설씨 부인, 감삼의당, 이매창 등은 많은 조선시대 여성 문학가 가운데에서도 가장 빛나는 별이었던 것만은 사실이다. 그렇게 이어진 여성성은 최명희(1947-1998), 양귀자(1955-), 은희경(1958-), 신경숙(1963-)등에게로 전해졌을 것이다. 사회적 한계를 극복하고 많은 작품으로 인생의 고단함과 외로움을 이겨낸 조선의 여성문인들의 열정이 오늘에 와서 꽃을 피어내게 되었다고나 할까. 개인과 시대의 한을 풀어내듯 많은 여성 문인들이 배출되고 있다. 현재 전북문인협회 회원으로 활동하고 있는 여성 문인들에게도 조선시대의 여성문인들의 문맥이 흐르고 있지 않을까. 이들이 앞으로 어떤 문학의 영토를 만들어갈까. 이름을 밝히지도 못하여 남편의 이름 뒤에 혹은 당호만으로 알려진 것과 달리 오늘날은 당당하게 자신의 이름을 앞세우고 활동하고 있다. 그러나 여성성만큼은 변하지 않은 것도 사실이다. 아직도 한 사람의 딸로, 아내로, 어머니의 역할을 해내면서 자기의 일을 갖는다는 것은 힘겹다. 그래도 자신이 하고자 한다면, 아니 자신의 인생을 잘 마무리하자면 여성성을 뛰어넘어 가장 인간 다운 정진이 필요할 것이다. 옛 시대나 오늘이나 여성 문인들의 꿈은 역시나 '천리에 외로운 꿈'을 펼치는 것이 아닐까. 오늘 같은 시대에 살고 있는 것이 어찌 고맙지 않으랴!

시댁이 적원敵園으로 남지 않은 것은 김호연제 등의 꿈이 있었던 덕분일까. 어느덧 적인은 고향의 정원이 되었으며 어딜 가나 우리의 강토와 함께 할 수 있으니……. 그들의 꿈은 개인과 시대의 벽을 넘어 그 영역을 넓혀 오늘에 이르러 새로운 꿈이 되리라. 비록 천만리의 외로운 꿈일지라도…….

제2부
군자란과 재스민

우주나무, 빛을 모으다

거실로 들어온 햇살을 모은다. 좁은 건물 새로 보이는 태양을 결코 놓칠 순 없다. 태양에 경배하는 자세로 온몸 가득 햇살을 마신다. 한 상자의 표고버섯에도 햇살을 모으기 시작했다. 채소 물을 만들기 위하여 필수인 버섯은 기계나 찜통에 말리면 효능이 없다. 진짜 생 햇살을 모아야 한다. 오전에 버섯을 사오면 오후 내 햇볕이 오래 드는 아파트 단지 뒤에 자동차를 세워두고 지붕 위에 버섯을 넌다. 가을이면 아낙네들은 햇살 모으기 바빠진다. 옆 차에도 보니 차 뚜껑 위에서 호박도 햇살을 모으고 있다. 한나절 햇살을 머금은 버섯이 굳어지면 거실에서 몇 날 햇볕을 더 모으면 된다. 집안에서 햇빛이 자리를 옮길 때마다 나도 버섯 바구니를 들고 햇빛을 따라다닌다.

겨울나무들은 맨살이 되어 가지 끝까지 햇살을 모은다. 은행나무 가로수도 사방으로 팔을 뻗어 구석구석 햇살을 받는다. 추운 줄도 모르고 설한풍을 견디며 빛의 에너지를 모아야 봄부터 새싹을 키우고 열매를 키울 수 있지 않은가. 한겨울이 되면 축복처럼 빛 부신 눈꽃을 피울 수 있는 것도 비움으로 누리는 은혜이다. 사랑의 빛을 모아서 추운 겨울 동안 입고 열정을 품어야 한다. 태양을 떠나서는 어떤 생명도 살 수 없다.

나무는 땅속에 뿌리를 박고 하늘로 뻗어 오른다. 땅을 사이에 두고 나무는 대칭으로 뿌리를 뻗어 간다. 높이 솟아오른 나뭇가지의 한쪽이 시들해지면 그 부분에 해당하는 뿌리가 좋지 않다는 증거일 것이다. 나무는 수직 운동과 수평 운동을 한꺼번에 하면서 성장하고 자신을 확대한다. 지표면을 경계로 하늘과 땅을 연결하여 하나인 사랑으로 완성하는 것처럼 보인다. 둘로 나뉜 세계를 하나로 연결하는 듯한 나무는 완벽한 생명 이미지의 원형 같다. 나무의 생태가 바로 우주 속에 발붙이고 살아가는 우리 자신과 동일시되어 인간 역시 한 그루의 나무에 비유된다.

북송의 휘종황제는 그의 대관다론大觀茶論에서 차나무를 일컬어 '땅에 머리를 박고 거꾸로 자라서' 천지의 기운을 차지하고 산천의 영기를 모아, 가슴이 막힌 것을 씻어서 없애며, 맑고 온화한 경지에 이르게 한다고 하였다. 서양에서도 사람은 거꾸로 선 나무라고 플라톤과 아리스토텔레스도 말하였단다. 16세기 신비주의자 야곱 뵈매도 인간을 '거꾸로 선 나무'라 했다.

사람도 살아가는 양식을 하늘과 땅으로부터 받는다. 하늘을 향해 곧추서 있는 머리에 붙은 눈과 귀로, 코와 입으로 천상의 양식을 흡수한다. 움직이는 나무의 가지인 손과 발은 양식을 지상에 퍼트리는 도구이다. 움직이는 도구를 지닌 사람은 나무와 더불어 꽃과 열매가 가득한 지상낙원을 만들 수 있다. 우리 안에 나무가 잘 자라고 있을 때만 그렇다.

고대 신화에는 우주 산과 우주 나무들이 자주 등장한다. 공동체가 형성되면 그들이 살아갈 수 있게 만드는 신성한 에너지가 솟아나거나 내려오는 장소를 찾았다. 한 부족의 중심이 되는 장소, 나무나 샘, 강이나 산이 자리 잡고 있었다. 세계의 지붕인 히말라야가 그러하고 올림포스 산과 백두산이 그러했고 인왕산이 그러했다. 모든 산과 나무들은 신성하다. 오래된 마을 앞에 있는 정자나무가 그러했다. 큰 나무 앞에 서면 저절로 경건해진다. 그러한 산을 우주 산이라 했고 나무를 우주나무라 했다. 에너지가 느껴지는 장소나 나무들은 우주의 중심으로서의 이미지를 부여받았다. 그리스인들은 올림포스 산이 있는 곳을 옴팔로스(OMPHALOS)라 불렀다. 옴팔로스는 우주의 배꼽이란 뜻이라는데, 그곳은 우주의 태와 연결된다고 믿었다.

사람이 거꾸로 선 나무라면 그리스도의 십자가도 우주나무였다. 예수 자신이 우주나무가 되었고 석가도 세계에 헌신함으로써 한 그루의 우주나무가 되었다. 신성이 오르내리는 통로에 존재하는 우리도 모든 곳에서 한 그루의 우주나무가 된다. 내가 우주의 중심이 되는 것이다.

본래 우주의 형체는 끝도 없이 공空하여 알 수 없는 기운으로 가득 찬 것 같다. 세상에 작은 우주나무가 태어나면 햇빛의 열정과 달빛의 냉정함으로 바람과 구름을 일으키는 가운데 온갖 풍상을 겪으며 자라는 것일까. 우리가 작은 우주나무라면 만상과 함께 본래 우주나무의 배꼽에서 떨어져 나왔을 것 같다. "나는 포도나무요, 너희는 가지로다. 가지가 나무에 붙어 있지 않으면 열매를 맺지 못하리라." 대생명의 인드라망에 얽혀서 한 치의 착오도 없이 생명은 성장하며 순환한다. 단지 내가 생명의 질서와 순리를 잘 감지하지 못 할 뿐이다.

겨울나무처럼 나도 마음의 옷을 훌훌 벗고 햇살을 모은다. 겨울 동안 나목이 수행하는 것처럼 최소한의 움직임으로 단련하고 휴식하면서 힘을 모아야 하지 않을까. 동면하는 동물처럼 적멸寂滅의 힘을 받아 봄에 새로 솟아나는 새싹처럼 생기하면 좋겠다. 얼마나 수행하여야 우주나무의 내 자리를 도로 찾을 수 있을까.

본래 사람은 하늘의 별이었다고 누가 노래했던가. 신비에 가린 우주나무의 한 가지에서 빛나던 별들이 어느 날 제각각 땅에 떨어져서 저마다 반짝이고 있는 것인가. 아무리 흉한 일이 많이 일어나는 세상이지만 별빛의 반짝임이 아직 남아 있어서 따뜻하리라. 반짝이는 빛이 다 꺼지기 전에 어서 햇살을 많이 모아야겠다. 다시 아득한 날에 우주나무의 별이 되어 하늘에서 반짝이려면 말이다.

4월은 가장 잔인한 달

이른봄부터 베란다에 나갈 때마다 화분 하나가 내 눈에 걸린다. 지난 가을에 꽃 피고 난 뒤에 잘라준 게발선인장 줄기를 빈 화분에 가득 꽂았다. 무심코 겨울을 지낸 화분에서 꽃봉오리가 맺히고 있지 않은가. 빳빳하게 줄기를 세우지 못하면서도 안간힘을 다하여 잘린 잎에 꽃을 매달았다. 베란다에 나갈 때마다 내 가슴 한구석이 찔렸다. 나도 잔인했던가.

"엄마, 수학여행 잘 다녀올게요." "언니야, 여행 선물은 못 사올 것 같아." "수협 통장에 돈 모아 둔 것 있으니, 큰애 등록금으로 써줘요." "내가 잘 못 한 것 있으면, 용서해줘. 사랑한다." "기다릴게, 무사 귀환을. 온 국민과 함께 기원하고 있어."

문자로 남긴 간절한 한마디가 마지막 말이 될 줄이야. 4월 16일오전 9시 무렵, 안산 단원고등학교 수학여행 팀 325명과 일반 탑승자를 합한 476명을 실은 '세월호'가 침몰한지 열흘이 지났다. 어처구니없게도 충분히 모두 구조할 수 있는 시간과 상황이었는데도, 아무도 그 상황을 선두에서 이끈 사람이 없었다. 선객의 탈출을 끝까지 지휘하고 운명을 같이 해야 했던 선장을 비롯한 승무원 일부는 먼저 탈출했다니. 이렇게 분통 터지고 비참한 일이 또 있을까. 저리도 잔인할 수가. 문화재청 해저유물 발굴 팀까지 참가한 가운데 실종자를 추적하는데 살아온 자는 아무도 없고 사망자 수만 늘고 있다. "희망의 힘을 믿어요. 아직도 희망의 끈을, 그래도 희망입니다." "당신이 대한민국입니다." 간절한 기원이 메아리친다.

배가 침몰했을 당시, 휴대전화로 119에 신고한 신호를 받고 주위에 모여든 민간 선박과 구조 선박이 달려와 있었다. 첫 메시지에 달려온 구조대에 의해서 그나마 174명은 구조될 수 있었으나 정작 신고한 학생은 돌아오지 못했다. 이렇게 애통할 수가. 모두 구명조끼를 입고 바다에 뛰어들기만 했어도 전원 구조될 수 있었던 상황이었다. 구명정이 열리기만 했더라면. 구조될 수 있었던, 되돌리고 싶은 상황의 가정은 얼마든지 있었다. 그러나 '세월호'는 안전장치 모두가 제대로 점검되지 않은 채 운항하고 있었다. 청해진 운수회사 자체가 구조적으로 썩은 상태에서 철저한 사전 대비는 아랑곳없이 영리적 목적만 추구하고 있었단다.

침몰 사건도 조볶에 일어났고 그해 봄두 잔인하게 새 봄꽃과 꽃다운 생명이 봄눈에 맞아 이지러지기도 했다. 1993년 서해 훼리호에서부터 삼풍백화점, 대구 지하철사고 등, 여러 차례 교훈을 받았고 다시는 이런 일이 일어나지 말아야 한다고 다짐했지만, 우리 사회의 안전 불감증과 안전체제 관리에 따른 도덕성은 무참하게 무시되고 있었다. 지난 5년간 큰 사고의 80퍼센트는 인재였다지 않은가. 이번 침몰 사건은 세월호 선박회사 문제만이 아닌 대한민국의 해운업과 다른 모든 부문에도 해당하고 있다는 증거일 것이다. 세월호 사건은 우리 사회의 단면을 철저하게 해부하여 치부를 드러내고 있는 한 사례에 불과할지도 모른다. 선박의 선주를 비롯한 청해진 해운 회사와 안전 운항에 관한 모든 부속기관과 관계된 공공 기관에 대한 허점을 여실하게 파헤치고 있다. 아마도 우리 '대한민국호'의 운항을 재점검하라는 긴박한 운명의 신호탄에 불과할지도 모른다. 또다시 수백 명의 희생자를 내고서 말이다. 교사 두 명과 몇 사람이라도 힘껏 구조한 승무원 한 사람과 어느 탑승자의 노력이 더욱 빛나게 보였다. 사건에 얽힌 비화도 계속 터질 것이다. 또 완전한 대비 없이 운항할 모든 육지의 선박들도 비참한 일이 절대 없으리란 보장도 없다. 편리한 문명 속에 안일해진 사람의 안전의식이 얼마나 무디어졌는지 모르기 때문이다.

안타깝다. 그 많은 어린 생명이 꽃도 피워보지 못한 채 봉오리 째로 떨어지고 말았다. 어쩌면 험한 세상 꼴을 제발 고쳐달라고 희생의 운명을 걸머진 것일까. 하지만 남은 사람은 꽃봉오리를 끝까지 피워보려고 안간힘을 쓰고 싶다. 힘든 세상일지라도 함께 하지 못한 세월이 아쉽기 때문이다. 모든 죽음이 슬프지만, 사랑하는 어린 자녀를 먼저 떠나보낸 부모의 눈물만큼 우리의 마음을 찢는 일이 또 있을까. 허망하게도 꽃다운 생명을 잃은 것도 애석하고 슬프지만, 이 황무지 같은 세상 현상이 또한 슬프다.

'가장 잔인한 달, 4월', 엘리엇이 〈황무지〉에서 희망의 4월을 그렇게 부정으로 표현한 데는 여러 가지 상징적 의미가 있는 것 같다. 얇은 소견으로도 4월은 잔인한 달일 수밖에 없다는 생각이 든다. 따뜻했던 땅속을 뚫고 새싹이 나오고, 터지고 갈라진 늙은 벚나무의 표피에서 꽃잎이 불거져 나오지 않는가. 희망찬 기운의 잔인한 힘으로 언 땅을 녹이고 두꺼운 껍질마저 찢는 아픔으로 봄은 꽃을 피운다. 산고를 치르면서. 꽃놀이 나가는 인파들도 많아지고 그런 인파 속에서 사고의 위험도 도사리고 있다. 꽃 사태의 흥분에 덮쳐 자동차와 사람사태로 꽃길이 일렁인다. 생명의 부활을 약속받은 이 찬란한 계절에 어차피 죽어야 할 목숨을 이어간다는 것은 어쩜 저주받은 축복이라는 말인가.

벚꽃이 만발하고 꽃비가 내리고 환상적인 꽃길을 걸었다. 온 국민의 초상 같은 계절이 되고 만 4월에, 그래도 신록의 계절을 찬탄하는 관광차들은 즐비했다. 우리도 자동차 안에서는 뉴스에 촉각을 세우고 애도하면서, 초록을 찬탄하고 벚꽃의 오묘한 빛깔에 말없이 취하기도 했다. 뉴스에 촉삭을 세우다 보면 내가 당사자의 입장이 되어 통탄에 젖고 일손이 마비되는 것 같다. 일상을 회복하는 일이 산 사람의 역할이기도 하다. 앞서 간 생명 대신에 살아남은 자들의 소임이 더 크다는 것을 알아야 하지 싶다. 이 순간을 제대로 누려야 하는 것이 생명에 대한 보답이지 않을까.

엘리엇은 20세기에 두 대전을 치른 뒤, 서구 문명의 황폐화를 겨울의 황무지에 비유했다. 그런 세상에 새싹을 틔우려면 우리를 덮고 있는 껍질을 잔인하게 뚫고 나와야 한다는 메시지를 말함인가 싶다. 석가모니도 제자들에게 일깨웠다. 우리에게 세 가지 황무지가 있으니, 그것은 탐욕의 황무지, 어리석음의 황무지 그리고 성내는 황무지라고 했다. 그것이 우리에게 항상 문제를 만드는 삼독심이다. 세월호에 관계되어 일어나는 모든 사고의 원인도 그에서 벗어나지 않는다. 유사한 사고가 빈번했지만 배운 것은 없었다. 정신이 황무지 상태였으니. 사고 당시 흥분과 시위, 온정이 모이고 잠시 우리의 '환난상휼患難相恤'이란 전통적인 정신을 내세우지만, 사건 뒤, 사고 원인에 대한 분석과 대비는 항상 미미하고 철저하지 못한 채 형식적이었다. 시민 공동체의 가치를 위한 노력은 구호에 불과할 뿐, 오직 개인의 부와 명예에만 초점이 맞추어져 있는 것 같다. 세월 따라 잊지 말아야 할 것이 있다면, 우리를 움직이게 하는 진정한 가치가 어디에 있느냐이다.

내 인생 호뿐 아니라, 국가와 사회 조직 모든 분야가 철저하게 되돌아보는 계기가 되어야 하겠다. 선장이나 책임자만의 문제가 아니다. 내가 대한민국 호의 일원이라는 인식을 가지고 더 나아가서 지구 호의 주인임을 되새긴다. 아직 사랑할 시간은 많다. 살아 있는 동안 갈등과 반목을 없애고 다 같이 생명의 소임을 끝까지 잘 실현하면 좋겠다. 죽을힘을 다하여 꽃피워낸 선인장처럼. 잔인한 사랑으로 말이다.

연꽃 만나고 가는 바람같이

연못의 물은 파랗고 물고기가 뛰놀고 있다. 둘레 돌 틈새에는 큼지막한 분홍색 꽃이 한 송이 피어 있고 연못가의 버드나무 가지가 치렁하다. 그 시절 연못 주위엔 버드나무만 많았다는 것을 나중에 사진을 보고 알았다. 연못가 풀밭에 새들인지 병아리인지 알 수 없는 날짐승 두 마리도 아이들 속에서 놀고 있다. 연못은 넓은 집 마당에 인위로 만든 작은 물웅덩이 같은 게 아이의 그림답다고나 할까. 풍경 앞에는 짧은 파마머리를 한 젊은 엄마가 카메라를 조준하고 있다.

연지가 내려다보이는 언덕에 집을 짓고 살았던 우리는 동네 아이들과 더불어 덕진 공원에 자주 드나들었다. 늘 튼튼한 다리를 붙여서 함께 자동으로 찍을 수 있는 사진기를 들고 다녔는데, 그때의 추억들이 사진처럼, 울긋불긋한 색조의 '연못' 속에 담겨 있다. 내 딸이 초등학교 3학년 때 미술학원에서 열린 전시회에 출품했던 작품이다. 연못에서 놀던 기억을 떠올려 그렸지 싶다. 그림 속의 주인공들이 이제는 어엿한 성인들이 되어 한여름 날을 수놓고 있다. 엄마들은 연꽃보다 더 어여쁜 꽃 중의 아이 꽃을 돌보기에 여념 없다. 할머니가 된 내가 옛날 그랬던 것처럼.

무더위가 피어낸 연화장蓮花藏에 내려앉아 액자 속의 추억을 떠올린다. 더운 여름에는 집 안을 깨끗이 해야 덜 덥다고 하던 그 사람의 잔소리도, 다시 만나기로 한 이별 같이 한두 철 전의 일처럼 일상의 어느 귀퉁이에서 그림으로 나올 때가 있다.

사랑의 열기를 품고 달려갔던 연지. 얼굴의 홍조가 연꽃들로 더더욱 붉어져 가슴이 두근거렸던 그 새벽. 이른 아침 안개 속에 시퍼렇게 넘실대는 연잎 사이사이로 올라와 있는 연향이 하늘 한가득 그윽했다. 연못가를 거닐고 있는 사람들이 옷깃 사이로 연향을 날리며 한 풍경 속으로 어우러졌었지. 뜨거운 여름에 연꽃을 바라볼 수 있다는 것만으로도 더위를 탓할 수 없지 않은가. '만나러 가는 바람 아니라 만나고 가는 바람'으로 기억하리라.

봄 내내 푸름을 키워내며 산과 들은 여름의 절정을 오르느라 한시도 한가할 틈이 없었다. 초록 카펫을 깔아놓은 듯, 한끝을 말아 쥐고 둘둘 굴리면 한없이 감아질 것 같은 들녘. 말았다 폈다 할 수만 있다면, 비어 있어 싸늘할 겨울 들녘을 위해 마련해 두고 싶다.

마침내 배롱나무에 빨간 꽃잎이 달리기 시작하니 초록 들판은 긴 숨을 들여 마시고 생동감 넘치는 춤사위를 준비한다. 백일 동안 배롱 꽃이 피고 지는 사이 눈물 같은 벼꽃도 피어서 영근 꿈을 키울 것이다. 후끈하게 땀이 배어 끈끈한 여름날의 사랑도 한여름의 소낙비에 젖으면 다시 생기를 얻고 밤바람 속에 아이들의 웃음소리는 뜨거운 열기를 날렸지, 이름을 알 수 없는 수많은 생명이 숨 쉬는 숲 속의 밀어들, 아침 새벽부터 부지런한 새들의 요란한 지저귐. 여름이 아니면 언제 들을 수 있을 건가. 오랫동안 갇혀 품어 왔던 생의 분출을 위한 애절한 울부짖음. 처절한 절규인 듯 온 생명이 다하도록 외쳐대는 매미들의 독주도 여름의 백미가 아닌가.

흐르는 땀방울을 감당할 기력이 없어 쩔쩔매면서도 이 생명의 절정을 구가하는 여름이 빨리 가기를 원치 않는다. 하루의 피곤을 느슨히 풀어내는 태양의 한숨인 듯, 노을 지는 서녘 하늘이 어찌나 고마운지. 절대 변하지 않는 위대한 유산, 사랑만은 멈출 수 없는 것. 원하기도 전에 이미 가고 말 이 여름을 어찌 사랑하지 않을 수 있으랴.

천년 된 연실에서도 싹을 틔워낸다는 연꽃의 꿈을 연화 세상에 와서 다시 읽는다. 진흙 바닥 같은 삶의 터전에서 연심蓮心을 챙겨본다.

겨울 속의 새봄

겨울 속에서 봄을 캔다. 지난번의 혹독한 추위와 폭설의 자취가 산그늘에 희끗희끗 남아 있다. 화분 갈이를 하려고 흙을 담으러 내려왔다가 밭두둑에 얼굴을 내밀고 있는 냉이를 발견했다. 두껍게 쌓였던 눈 속에서도 실하게 뿌리를 내리고 있었다. 흙을 털자 뿌리는 하얀 맨살을 드러낸다. 추위를 이겨낸 냉이가 향긋한 봄 냄새를 풍긴다.

눈이 쌓이고 땅이 얼게 되면 모두 출퇴근 차량 운행에 긴장해야 한다. 도시인들은 단 하루도 백설 속에서 마음을 비울 시간조차 없다. 길이 막혀서 소동이 일고 교통사고가 여기저기에서 터지기 일쑤다. 그래도, 그리움의 정령들이 춤추는 듯 눈 내리는 하늘을 볼 때 아! 하는 그 첫 느낌은 놓치지 말일이다.

물탱크에서 내려오던 호스가 얼었었다. 폭설이 연이어 내렸던 그 겨울, 처마 밑의 고드름은 옛사람의 고향이었다. 날이 풀어져야 호스는 녹았다. 마당 가운데 있던 수도에서 물을 받아다 집안의 물독에 담아두고 사용해야 했다. 춥고 불편했던 일은 더 말할 나위가 없었다. 그러나 그

순백의 향연을 어찌 생활의 불편 때문에 투덜대고만 있을 수 있겠는가. 오랜만에 보는 눈꽃들의 세상 나들이가 아닌가. 기쁘게 축제를 벌이자고 눈발은 나를 꼬드겼다. 생활의 번거로움과 분주함도 이 고요한 순백의 평화에 스르르 잠겨들 수밖에 없었다.

백설은 순백의 나라를 연출한다. 얼마나 오랜 세월 동안 기다렸던 백설의 하강이었던가. 그래서 내려올 때 그토록 살풀이하듯 윤무輪舞를 즐겼던 것인지도 모른다. 쌓인 눈은 사랑의 덩어리였다. 사랑으로 하나 되고 사랑의 힘을 확인한 적설積雪은 새 삶을 꿈꾼다. 가을이면 돌아가야 할 사연을 안고 왔던 푸른 잎처럼 적설도 본래로 돌아가야 하리라. 햇볕을 받아 녹으면 땅을 적시고 땅속으로 스며들어 생명수로 흘러야 한다. 만나는 풍광을 감격의 눈물로 맞이한다. 계곡을 따라 흐르며 숲의 정령들과의 은밀한 랑데부도 즐기리라. 시냇물이 되어 멋진 바위와도 만나고, 청아하게 흐르는 소리를 내며 달빛을 적시리라. 드디어 유유히 흐르는 강물이 되어 사공의 뱃노래에 한 숨 돌리기도 하겠지. 때로는 벼랑에서 천둥소리를 내며 떨어지는 폭포수가 되어 아름다운 곡예曲藝도 펼친다. 바다에 이르기까지 물은 귀향가歸鄕歌를 읊조리리라.

거실 가득 들어온 햇살이 포근하다. 잠시의 향연은 언제나 찬란했다. 묵묵히 기다렸던 태양의 따사로움은 또 얼마나 고마운가. 눈의 잔치는 뒤풀이를 아쉬워하는 듯하다. 그렇다. 축제는 늘 그렇게 왔다 가는 것이다. 변화하지 않는 것은 아름답지 않다. 인간이라면 누구나 아름다운 것을 오래 간직하고 싶다. 그리고 건강하게 오래 살기를 바란다. 육신으로는 영원히 살지 못한다는 것을 알기 때문에 더욱 갈구하는지도 모를 일이다. 끝없는 인간의 욕심은 엄연한 생명의 순환법칙까지도 마음대로 조종하고 싶어 한다.

얼마 전, 신문이나 TV 뉴스에서는 인간복제 이야기로 떠들썩했던 적이 있었다. 인간의 존엄성과 생명의 질서를 잃어 가면서 눈앞의 시급한 문제들만 해결하려는 욕심에 사로잡힌다면 엄청난 혼란을 일으킬 것은 뻔한 일이다. 인간성의 회복이 시급한 현대에 더욱 타락의 길을 재촉하는 과학기술이 된다면 인류의 발전을 꾀하는 과학이 앞으로 큰 재앙을 불러올지도 모른다.

연일 눈이 내리던 어느 날, '아! 이 적설이 녹지 않으면 어쩌랴!'하는 상상을 해보았다. 그것은 마치 생명이 태어나기만 하고 돌아가지 않으려는 것과 다를 바 없다. 상상해 보라. 순리대로 순환되고 있는 생명의 법칙이 얼마나 은혜로운가. 순리에 역행하려는 인간만이 괴로울 뿐이다. 영원히 살 수 있는 유일한 방법은 다른 차원에서 찾아야 할 것 같다. 잃어버린 에덴의 동산을 회복하여 '생명나무'의 열매를 먹어야 하리라. 생명나무를 찾을 수 있는 밝은 혜안이 필요할 것 같다. 육신으로는 단 한 번뿐인 생이다. 천수를 다할 때까지 서로에게 아쉬움을 남기지 않는 삶을 영위했으면 좋으련만. 사람이 무덤으로 돌아갈 때 생의 찬미를 부르며 갈 수 있으면 얼마나 좋으랴. 백설의 귀향歸鄕처럼….

잔설 속에서 캐낸 냉잇국이 새봄의 서곡이 되어 내 안에서 감돌아 흐른다.

그림이 뭉클한 편지를 받고

유목생활 열흘 만에 베이스캠프에 돌아왔다. 베란다의 천리향이 그리운 향기를 내뿜는 가운데 춘란의 꽃대도 수북이 올라와 있었다. 우편물 중에 강원도의 눈사태를 헤치고 온 편지 한 장에도 그림이 담겨 있었다. 그리움을 그리면 그림이고 글이 된다던가.

"책을 읽으면서 성님의 웃는 얼굴이 내내 어른거립디다. 걸릴 것 없이 터트려지는, 꽃순 터지는 소리가 들릴법한 맑고 투명한 그 웃음 말이요. 어여쁘신 언니이! 남은 햇살 받으며 그 많은 생명활동, 그 눈부신 도약에 박수를 보냅니다. 우리가 어느 날 육체를 벗으면 인연의 시간이 멎어질 텐데요. 양분이 넘치고 일상의 편리가 자유로운 성님께서, 혹은 차보다 발이 더 빠르다고 했던 제가 잠시 여행을 나서볼까 하는 그리움이 뭉클 이 새벽의 여명을 눈물 나게 합니다." 우리에게 인연의 시간이 얼마 남지 않았음을 일깨우고 있다.

여행 차비를 하는 일이 점점 힘들어진다. 서울에서 볼 일과 만날 사람들이 떠올려졌다. 기차를 기다리는 동안 아련하게 보일 듯한 먼 행로까지 생각해봤다. 이 세상을 하직하고 저 세상으로 가는 여행도 그렇게 계획하고 볼 일 등을 기대하면서 떠날 수 있을까. 그 때는 꾸려야 할 짐이 없어 참 편하겠다. 마음도 무거우면 육체를 벗기가 힘들 것이려니. 삶의 여행을 잘 하는 일이 그 긴 여행을 하기 위한 짐 꾸리기가 될 것이다.

서울에서 볼 일을 다 마치고, 우리 자매는 성묘도 할 겸 형부의 고향인 경남 거창으로 출발했다. 올라오면서 완주에 나를 내려놓기로 했다. 함양을 거쳐 거창에서 볼 일을 다 보니 오후 3시 반이었다. 하루 종일 길 구경이었다. 마침 새로 건설 중이던 광양고속도로가 개통되었다. 마치 천상의 길인 듯 슬치 고개를 넘는데 일곱 개의 터널이 연속으로 나타난다. 순창 민속마을까지 들렀다가 상관까지는 한 시간이면 충분했다. 상관 톨케이트가 우리 아파트 근처에 생겼기 때문이다. 산도 강도 길도 막힘이 없으니 중간에서 숙박할 필요도 없었다. 삼천대천세계가 있다는 무변의 하늘에도 이렇듯 영혼의 길이 있을까. 세월의 한계나 속도를 느낄 수가 있기나 할까. 어제 내린 춘설처럼 하늘을 나선형으로 빙글빙글 돌아다닐 수 있게 될까.

육체를 벗을 때 영혼의 옷이 있다면 고려의 수월관음도처럼 연꽃이 수놓인 투명한 사라를 입고 눈송이처럼 하늘을 유영하면 좋겠다. 그리하여 하늘 수행 끝에 연화로 피고 연실을 맺어 한 천 년 푹 자다가 연화장 세상에 다시 태어나는 황홀한 연상을 해본다.

할 일이 남은 내 캠프로 돌아왔으니 일상이 바쁘다. 사람은 세상 떠날 때를 알게 된다는데, 아직 많이 남은 것도 같지만 나이대로 느끼는 시간이라면 하루가 여삼추다. 인연의 시간이 멎어지기 전에 가슴 뭉클한 편지를 보내온 님을 만나야 할 일. 태어나는 새봄을 맞을 일. 천리향의 그림에 어찌 생의 기쁨이 솟구치지 않으랴! 먼 여행도 때가 오면 겨울을 건너듯이 그렇게 건너면 될 것임에 이 봄을 충만하게 맞을 일이다.

새 봄의 마술

옛 사람들은 동지부터 99 소한도를 그리면서 겨울을 보냈다던가. 추웠던 시절 매화도를 그려놓고 매일 한 송이씩 붉은 물감으로 색칠하며 홍매를 피워냈다지. 마지막 99송이 홍매화가 피어나면 창밖의 매화나무에 진정 매화가 맺힌다고 했다. 많은 사람들이 그런 풍류를 누릴 수나 있었겠나. 특권을 누렸던 조선의 문인 화가들에게나 해당된 복이 아니었을까. 매화 그리기에 벽癖이 있던 조선 후기의 화가 조희룡쯤이면 당연했으리라.

'매화도 대련'이나 '매화서옥도'는 겨울에 보면 어찌나 화사한지 추운 겨울이 무색할 지경이니 말이다. 그의 매화는 전 시대의 문인들처럼 메화를 짓누르고 있던 힘겨운 상징성과 지조성을 전부 털어버렸다. 푸르스름한 달빛 아래 고고한 청덕의 매화가 아닌 꽃 자체로 아름다울 뿐이다. 매화병풍을 둘러치고 잠잔 뒤 매화차를 마시고 매화 시를 읊조린 그였으니 말이다.

매화도를 그리듯이 선인장 꽃잎을 담고 아침저녁으로 차를 벗하여 겨울을 보냈다. 떨어진 꽃잎을 모아서 세다 보니 어느새 베란다의 천리향이 퍼지고 있다. 마침 이웃집에서 매화분 꽃이 피었다는 소식이다. 매화분의 백매가 피는 창가에서 점심을 먹고, 매화에 취한 듯 포도주도 한 잔 마시고 알싸한 기분으로 만덕정 솔숲을 거닐었다. 겨울의 창 안에서 익은 새봄을 보았으나 야생 매화나무의 꽃순은 꽃샘추위 속에 아직 숨죽이고 있다.

그래도 춘삼월, 새 학기가 시작되었다. 유년의 아이들이 어린이 집이나 초등학교에 입학하였다. 아이들이 새로운 환경에 적응하지 못하여 '아이와의 전쟁'을 호소하는 젊은 부모가 늘고 있단다. 현대인의 약 95%가 실내에서 생활한다. 요즈음 아이들의 부모 역시 대부분 온실의 화초처럼 살면서 온실에서 아이들을 보호해왔기 때문에 당황하게 될 것이다. 도시생활 자체가 모든 일들이 자연과는 분리된 생활이어서 적극적으로 단계적인 훈련이 필요하다.

내 손녀도 벌써 초등학교 2학년이 되었다. 언젠가 며느리가 아이들에게 당부하는 말을 들은 적이 있다. 다른 사람에게 아빠 엄마가 어디어디 다닌다는 이야기는 하지 말아야 한다는 주의였다. 위험한 사회 환경에 대비해야 하는 부모 입장이 민망스러웠다. 요즈음 대두되고 있는 학교 내의 폭력이나 왕따 문제를 생각하면 즐겁게 출발해야 할 새 학기가 걱정스럽기도 하다. 공교육의 위기라든가 교육 환경 개선차원을 놓고 다양한 토론이 진행되고 있긴 하지만, 이미 교육계의 구조적 개선의 제시는 진부한 대안으로 전락한 지 오래라는 소식이다. 삶의 다양성과 다양한 가치 추구를 본연으로 하는 문화예술의 역할과 기능이 모든 그늘진 곳에서도 활발하게 이루어져야 하리라.

사람을 온실의 화초처럼 자라게 하여서는 진정한 사람으로 자라기 어려울 것이다. 덕德 · 체體 · 지혜智慧를 갖춘 사람의 향기는 만리萬里를 간다고 한다. 위대한 선각자들의 향기는 세대를 초월한다. 온실의 매화나 천리향처럼 자란 사람들이 어찌 사람의 진정한 향기를 지닐 수 있을까. "새로운 세계로의 출발과 여행의 준비가 되어 있는 자만이 마비시키는 습관을 헤어날 수 있다." 모든 시작에는 마술이 깃들어 있다고 했다. 한 단계 한 단계 씩씩하게 훈련해 가면 좋겠다. 명랑하게 한 공간 한 공간을 통해 잘 나아갈 수 있도록.

군자란과 재스민

톡 하고 꽃잎이 떨어진다. 과연 군자로고! 동백꽃처럼 싱싱한 채로 푸른 잎 위에 걸터앉았다. 왜 난蘭 이름을 군자君子라고 지었을까. 고고한 꽃대 한 대가 양 잎 가운데로 쑥 올라와서 끝에 여남은 송이를 거닐고 피는데, 나의 군자님은 초봄에 아홉 송이가 피었다. 필 때부터 떨어질 때까지 흩어짐이 없다. 그래서 군자란이라고 했을까. 반그늘에 있는 화분을 창 앞으로 끌어다 두고 날마다 손질을 했다.

난 중에 가장 고귀하여 군자란인가 했지만, 사실은 난과는 관계가 없는 백합목, 수선화과라고 한다. 넓고 도톰한 푸른 잎은 바닥에서 좌우로 전개하여 겹으로 크다가 밑으로 휘어진다. 꽃말이 우아함과 고귀함이라 한다.

"군자란, 유덕자(有德者 : 학식과 덕행이 높은 사람)와 유위자(有位者 : 높은 관직에 있는 사람)를 이르는 말. 중국 주周나라 때부터 많이 써 온 말이며, 유위자를 군자라고 하는 것은 옛날에는 학덕이 있는 훌륭한 사람이 벼슬을 얻어 정치하는 것으로 되었기 때문이다."

공자 시대 이후에는 덕이 있는 사람보다는 그냥 벼슬하는 사람을 일컬어 군자라고 불렀다니, 후대로 가면서 군자의 덕목과 상관없는 이름이 된 것 같다. 어쨌건 군자라 하면 군자다운 덕목을 생각하게 된다.

관관저구關關雎鳩/ 재하지주在河之洲로다. 요조숙녀窈窕淑女/ 군자호구君子好逑로다

꾸우꾸우 물수리/ 모래 섬에 있네/ 정숙한 아가씨/ 군자의 좋은 짝이네

시詩를 배우지 않은 사람과는 벽을 대하고 있는 것과 같다고 공자가 아들에게 말했다니, 이제 시경詩經 몇 구절이라도 배웠으니 벽은 면했다고 할 수 있을까.

황송하게도 지난해 가을에 군자님이 나를 찾아왔다. 분양받은 군자란이 올 삼월 내내 피어 나를 즐겁게 했다. 가까이 들여다보면서 오매불망, '요조숙녀 군자호구로다'를 중얼거리며 나도 요조숙녀처럼 부끄럽지 않게 일상을 꾸려보자고 했다.

군자란 꽃이 지자 이내 재스민이 향기를 품고 봉오리를 맺기 시작하는 것이다. 여러 해 거듭 재스민을 만나면서 차향과 더불어 행복했다. 그런데 올해는 각별하다. 군자님을 여위고 난 다음이라서 그럴까. 재스민이라면 군자님의 짝이 될 수 있지 않을까 해서였다. 유심히 재스민이 피고 지는 것을 관찰하며 즐겼다. 한 분을 거실 안에 들여다 놓고 가까이했다. 그쪽으로 머리를 두고 누우면 향이 너무 진했다. 아무리 좋은

짝이라도 적당한 거리가 있어야 아름다움을 서로 유지할 수 있다는 것도 새삼 생각하면서 재스민 향 속에서 군자란을 그렸다.

오묘한 향기를 가진 꽃은 겉모습은 화려하지 않고 크지도 않은 것 같다. 들판에 피는 찔레꽃이라든가, 쥐똥나무 꽃이라든가 주위를 온통 향기로 말하는 꽃들이 많다. 재스민 역시 다섯 쪽의 얇은 잎을 지니고 신비롭게도 작은 구멍 같은 꽃샘에서 향기를 숙성시키는지, 입안을 맴도는 향으로 말하는 것일까. 보라색으로 피었다가 향기를 짜내면서 점점 하얗게 변한다.

일찍이 나도 군자를 만나긴 했다. 요조숙녀의 덕을 쌓는다고 했으나 그만한 덕을 지니지 못했음인지, 그 사람과 사는 동안 불평도 많았었다. 선비 집안의 철없는 공자같이 실생활의 도움보다 군자연하는 태도나 말에 비위가 상하는 일이 많았다. 그러나 군자의 질책이나 가르침 덕택으로 나의 덕도 어느 정도 자랐던가.

군자란 꽃송이가 떨어지는 모습을 보자 그 사람의 마지막 모습이 떠올랐다. 세상 하직하는 모습이 꼭 떨어지는 군자란 꽃송이처럼 자세를 꼿꼿이 하여 흩어짐이 없었기 때문이다. 살면서 흉내라도 많이 내고 말한 덕인지 자신의 마지막 모습을 깨끗하게 보여주었다. 과연 살면서 바로 행동이 되지 않을 때, 군자의 흉내라도 내고 말을 하다 보면 어느새 저절로 행동하게 되는 것이지 싶었다.

"군자는 선행기언先行其言 이후종지而後從之니라 – 군자는 먼저 그 말한 것을 실행하고, 그 뒤에 (말이 행동을) 따르게 하는 것이다." 마지막 순간에 전 생애를 갚을 만한 실행을 보여준 그 사람의 모습이 항상 고맙고 나도 그런 마무리를 할 수 있도록 자신을 챙기게 된다.

꽃은 온통 자신을 자아내고 짧은 생애를 끝낸다. 신비한 재스민 꽃도 탈대로 다 타서 자신의 향기를 다 소진한 뒤에야 떨어지다니! 그 조그마한 꽃잎으로. 재스민이 요조숙녀 같아서 군자님이 찾아왔나 보다.

봄나물을 뜯는 요조숙녀窈窕淑女를 오매구지寤寐求之하는 군자가 되려는 청년이 얼마나 될까. 시경의 첫 구가 남녀상열지사男女相悅之詞를 내세운 것은 시경 시대나 현대나 사람의 생애를 볼 때, 배필의 만남이 생의 시초요, 만복의 근원이어서 '혼인의 형이 바루어진 뒤에야 만물이 이루어져 천명이 온전해진다.'고 했으니, 공자께서 시를 논할 적에 〈관저〉를 시초로 한 까닭이었다고 말한다.

옛 시대의 해석으로는 주나라의 문왕과 왕비 태사의 처녀 시절 덕을 상징으로 지었다고 말하기도 한다. 군주가 백성의 부모이므로 군주와 후부인의 행실이 천지에 비견할 만하지 못하면 신령의 전통을 받들어 만물의 마땅함을 다스릴 수가 없음을 말했다고 한다. 그러하기에 공자는 늘 주나라의 풍습을 거울로 삼아 내세우는 말씀이 많았던 것 같다. 〈관저關雎〉의 해석은 후대로 갈수록 일반적인 남녀의 사랑을 읊었다고 말한다. 시란 발표된 뒤로는 시대에 따라 독자의 몫이 된다는 뜻이기도 하리라.

조건에 따라 쉬이 만나고 마땅찮으면 또 헤어지는 청춘들이 많고, 결혼하지 않아 인구가 적어서 걱정이란다. 아무리 혼란스런 현대일지라도 남녀가 만나고 헤어지는 모습은 지고한 정성을 들여야 하지 않을까. 현대에 시경 시대의 메시지를 회자하는 까닭이리라. 배우는 자가 우선 그 말歌辭의 이치를 관찰하여 마음을 기른다면 또한 시를 배우는 근본을 얻는다는 뜻이 있었다.

늙은 꽃이라도 재스민 같은 꽃의 생으로 누구든 금슬우지琴瑟友之와 종고락지鐘鼓樂之로 이어지는 우애 속에 살아야 할 일. 다음 해도 군자란 꽃님을 만나기 위해서 재스민처럼 덕을 잃지 않도록 흉내라도 내야겠다. 꽃일 바에야 젊은 꽃 늙은 꽃이 어디 있으랴! 재스민 꽃잎처럼 끝까지 태우리라.

잎갈이

겨울 산이 거룩하게 보인다. 봄부터 가을까지 많은 생명 활동을 보듬었던 산은 겨울에 옷을 벗고 맨살이 된다. 마른 가지만 남은 나무들을 품은 산이 명상에 젖어 있는 것 같다. 긴 휴식이자 힘을 충전하는 시기이리라. 어쩜 가혹한 연단의 시기일 수도 있을 게다.

소나무 군락지의 벤치에 앉았다. 노을이 진 뒤 불그레한 여명이 서녘 산 능선에 띠를 두르고 있다. 겨울 소나무들은 푸르긴 하지만 어딘가 지쳐 있는 듯하다. 소나무 아래 구절초들도 화려했던 꽃 시절을 뒤로 한 채 바싹 말라 앙상한 줄기만 남았다. 소나무를 하나하나 시선이 닿은 데까지 살펴본다. 세한삼우歲寒三友 중에서 소나무가 늘 푸른 것은 어떤 비밀이 숨어 있을까. 추운 겨울에도 얼지 않고 어떻게 흰 눈을 받을 수 있는가. 세한연후歲寒然後에야 소나무와 잣나무가 푸른 줄 안다고 했지만, 소나무도 분명히 잎갈이를 한다. 소나무 밑을 걷자면 갈색 낙엽들이 수북하여 폭신폭신하지 않은가. 조상 때부터 소나무에 의지해서 살아온 우리는 소나무에서 독야청청할 수 있는 인생의 지혜까지 배운다. 소나무도 겨울나기는 쉽지 않으리라. 잎은 2년마다 갈이를 한다는데 전연 볼 수도 없고 알 수도 없다. 가을에 잎 뿌리에서부터 갈색으로 변하여 떨어지고 봄에 난 새잎이 겨울에 그대로 있기 때문에 푸르게 보인다고 한다.

소나무는 소리 없이 천천히 시절에 맞게 잎갈이를 하나 보다. 아무도 모르게. 늘 푸르게 보이니 절개를 상징하기도 한다. 변함없이 그대로 서 있는 것 같지만, 그렇게 고요하게 자신의 생존을 위하여 변화와 쇄신을 거듭하고 있다. 여름의 번개와 천둥소리, 태풍을 겪으며 때로는 설한풍에 가지를 꺾이는 아픔을 견디면서도 싱그럽게 자기의 생을 보존한다. 솔향이 그리도 향긋한 것은 수많은 고통의 세월을 이겨내고 잎갈이의 상처마저 익어 발효한 까닭이리라.

눈으로 쓰다듬듯이 나무의 밑동부터 가지 끝까지 올려다본다. 소나무는 겉 피부가 트고 갈라져 두꺼워지도록 나무속을 키우며 거북 등 같은 보굿을 만들었나보다. 고통의 세월을 잘 삭여내면 그런 아름다운 작품이 될까. 두꺼운 재료를 콜라주 기법으로 붙여놓은 미술품 같기도 하다. 같은 모양의 나무는 하나도 없다. 쭉 곧게 하늘을 향해 올라간 나무, 굽어진 나무 등, 굽어진 형태도 다르다. 쭉 곧게 올라간 나무는 높은 곳에서 사방으로 가지를 뻗어 햇볕을 받을 영역을 넓힌다. 모두가 소나무인데 하나같이 다르다. 참 새삼스럽고 경이롭다.

군중 속에 있어보면 많은 사람을 가까이서 본다. 수많은 사람이 모두 사람인데 남자와 여자가 다를 뿐. 눈, 귀, 코, 입, 팔, 다리를 다 같이 가졌다. 모두 같은 구조이나 하나같게 다른 고유한 특징을 지닌다. 쌍둥이조차도 똑같지는 않으니 어쩜 그렇게 유일한 자기 모습을 지니게 되는지. 누가 그렇게 사람을 내는 것인가. 창조적인 신이 있다면, 그래서 사람마다 조물주에게는 고귀하고 특별한 생명이다. 단연코 일대일의 관계이며 거기에는 누구도 관계할 수 없고 그 무엇도 끼어들 수 없는 영역이다. 이래서 천상천하유아독존天上天下唯我獨尊이랄 수밖에 없지 않을까 싶다. 전체의 대생명을 나누어 가진 고귀한 개체의 생명이라고나 할까. 같은 생명 성을 공유한 유일한 개체이므로 내가 그러하듯 너도 그러하고 그도 그러하다. 동물도 식물의 개체도 모두 그렇다. 여기 소나무도 그러하다. 하나의 생명 안에서 다른 개체이니 어찌 소중하지 않으랴! 같은 생명나무의 다른 가지처럼 말이다. 같으면서도 다르므로 서로 보완하고 영향을 주며 호흡을 나누고 기대어 살 수밖에 없는 존재다. 같이 산다는 것은 이렇게 어울려 자라며 그대로를 받아들이고 느끼는 것이리라. 한량없는 우주의 공간에서 보면 하잘것없이 미미한 존재이며, 찰나적인 존재일 수 있지만, 그러기에 더욱 귀한 의미일 수밖에 없지 않은가. 어찌 보면 개체 생명의 순환은 우주적 대생명나무의 잎갈이 같은지도 모른다.

전망이 좋은 높은 바위에 앉는다. 생명의 신비에 대하여 오래 묵상해 본다. 누가 어디에서 어디로 가는 걸까. 저 아래쪽 길에서 자동차의 반짝이는 불빛이 물밀 듯 움직이고 있다. 빛의 움직임에 따라 마음도 따라가는 듯하여 한 곳에 시선을 모은다. 호흡을 조절하고 곧게 허리를 편다. 귓전을 스치는 소리를 포착하다가 네온 빛이 색깔 따라 변하는 한 곳에 눈길을 멈춘다. 얼마간이라도 뜻 없는 생각들이 사라지고 그냥 그대로 바위와 나무 같아지는 것 같다. 마치 산의 일부인 것처럼, 내가 앉은 자리 이대로일 뿐이다. 나무들은 이렇게 사는 걸까. 움직이는 나무, 거꾸로 선 한 인간 나무로서 날마다 새 정신을 키워 낡은 세포가 떨어진 자리에 푸른 마음의 잎이 솟아나고 있을까.

눈이 시리도록 푸른 겨울 하늘. 그제는 눈도 내리고 오후에는 비가 내렸다. 어제는 구름이 산란하였다. 오늘의 맑은 하늘에 내일은 어떤 바람이 어떤 구름을 몰고 올지 모를 일이다. 언제 저 푸른 하늘에 그런 천변만화가 일어날까 싶은 말간 얼굴이다. 잎갈이 나무들도 봄비에 꽃 피우고, 여름의 뙤약볕과 모진 풍파를 겪었던가. 또 얼마나 찬란한 단풍을 피웠던가. 영화로운 시절과 온갖 시련 끝에 얻은 열매로 대자연에 보답하는지…. 산에 기대어 있는 나무들은 뼛속 깊이 간직했던 최소한의 영양으로 겨울을 지내면서 새봄을 준비할 것이다. 어둠이 점차 짙어진다. 겨울 산에서 나도 소나무처럼 그렇게 조용히 천천히 잎갈이 할 힘을 키운다. 몇 번의 잎갈이가 남았는지 알 수 없지만, 소멸의 아름다움 그 끝에서 솟아오를 희망을 그릴 일이다. 겨울 산은 참으로 거룩하다.

비렁길

정원수 기둥 하나가 뒤에서 갑자기 내 자동차를 들이받았다. 그날 오후 나는 박물관 뒤뜰에서 햇살을 잠깐 즐겼다. 안전띠를 단단히 메고 뒤로 차를 빼는 순간, 조금 전에 없던 자동차 하나가 통로에 들어와 있는 것을 몰랐다. 순간 브레이크를 밟는다는 것이 당황하여 엑셀을 밟았던 것이다. 뒤차의 앞쪽을 조금 받고 말았다. 어처구니없게도 안전한 곳에서였다.

삶에도 이런 비렁이 곳곳에 숨어 있는 것을, 죽도록 수업료를 지급해야 하는 인생길인 것을 잠시 잊었던가. 자동차 사고 체험의 글을 읽은 적이 있는데, 아무도 몸을 다치지 않았다면 그것이 인생 흑자라 했나. 근 이득을 본 셈이었다. 비렁길 걷기의 여운이 아직 남아 있던 터.

여수 금오도에는 이름난 해안 둘레길 '비렁길'이 있다. 왜 비렁길인가, 걸어보지 않고서는 알 수 없었다. 비렁이란 말은 벼랑이란 순우리말의 그 지방 방언이었다. 아직 비렁길을 생각하면 가끔 아찔한데, 무사히 다녀온 것을 이렇게 셈을 치르게 하는 것이러니 싶었다. 가기 힘든 길이어서, 비렁길 5코스 중에서 가장 절경인 3, 4코스를 걸었다. 절경인 만큼 길도 험하고 가파르기도 했다. 벼랑이 있는 곳엔 반드시 비경이 곳곳에 숨어 있었다.

남녘의 바람은 벌써 꽃바람이었다. 돌산대교를 건너고 쉼터에서 만난 매화와 동백이 새봄과의 첫 상봉 같았다. 푸른 하늘에 점점이 뜬 흰 구름 속의 산수유 꽃가지, 땅에는 봄까치꽃, 제비꽃 등, 생동감이 넘치는 봄 풍경이 그려지고 있었다. 돌산도를 돌면서 훈풍에 실려 오는 바다를 가슴에 채웠다. 바다에 뜬 하얀 부표가 꼭 하늘의 흰 구름송이 같기도 하고, 가까운 부표는 백조 무리 같았다. 김병종 화가의 바다 그림이었다. 지중해 바다 속을 헤엄치는 어린아이들이 부표처럼 떠 있던 꿈의 바다.

돌산읍의 신기 항에서 금오도까지, 뱃길 25분 동안 작은 섬들이 점점이 어울려 있는 바다를 바라보며 아름다운 다도해임을 절감한다. 여천 항구에서 심포까지 버스로 오면, 갑판으로 시작하는 4코스 도보 길이 시작된다. 바위와 벼랑이 절묘하게 어울린 봄빛을 품은 해안이 아름답다. 달콤한 꿈속을 걷는 길이 이런 맛이지 싶다. 오르막이 있으면 반드시 평평한 길이 이어지고 가파른 길 위에 오르면 내리막이 있기 마련이어서 가쁜 숨을 고르면서도 즐겁다. 비탈 언덕에 수많은 동백군락이 있다. 가는 곳마다 자생 동백 숲의 푸른 풍경이 펼쳐진다. 떨어진 꽃을 사뿐히 비켜 가기도 하고 꽃송이를 주어서 바위에 올려놓기도 하는 등, 금오도의 동백꽃은 떨어져서도 한생을 더 머물면서 나그네를 위로한다. 동백 숲은 100여 년생과 200여 년생들도 있단다. 삭막한 겨울에도 푸른 숲이라면 반드시 동백 숲이다.

섬 깊은 계곡에 칼로 자른 듯한 두 벼랑 벽을 잇는 출렁다리가 있다. 중간 지점에 밑을 내려다보는 유리 발판이 있다. 천길 좁은 벼랑 아래에서 거친 물결이 출렁인다. 걸음 떼기도 아찔하다. 해안의 돌출된 비렁에는 어김없이 전망대가 있다. 숨 가쁘게 오른 전망대에서 안도의 숨을 토하며 바라보는 해안, 먼 바다, 수평선 너머를 그리면서 다음 길을 걷는 힘을 얻는다. 땅을 바라보면서 오직 걷는 것 외에 다른 잡념이 하나도 들어오지 않는 명상 길이다. 땅바닥에서 조용하게 발길을 붙잡는 제비꽃도, 노란 민들레도 동백 못지않게 봄의 밀어로 위안을 준다. 기막히게 휘어진 곡선의 뿌리를 땅 위로 드러낸 나무를 보고 과연 꽃과 잎만 보고서 어찌 나무를 보았다고 하랴! 알 수 없는 신비한 생의 여정이란 것만 짐작한다.

4코스가 끝나는 지점인 학동마을에는 쉼터가 있다. 솔식히 4코스만 긷는 것이 적당했는데, 처음부터 목적한 바, 일행이 없으면 그 자리에 주저앉고 싶었다. 3코스의 하이라이트인 매봉 전망대 오르는 길이 가장 힘들었다. 물러설 수도, 더 가기도 어렵지만, 묵묵히 걸었다. 사람에게는 어떤 경우에도 희망이 있지 않는가. 거기만 오르면 목적지까지는 내리막이란 것, 벼랑 바위에 놓인 친절한 갑판 계단을 하나하나 거친 숨

내쉬며 밟고 드디어 매봉 전망대. 훤히 트인 삼면 바다가 한눈에 들어와서 바다와 사람도 느껴지지 않는 넋 나간 순간을 잠시 누렸다. 내리막길도 굽이가 있기 마련, 만만치는 않았다. 종점인 직포마을에 닿으니 방풍나물 밭이 많았다. 비로소 섬사람들의 생활이 그려졌다. 삶에서도 수많은 비렁길을 걸어왔음을 새삼 생각했다. 젊어서는 비렁인 것을 모르고 쉬이 달려올 수 있었던 길도 많았지 싶었다. 젊은이들은 2시간이면 걷는 길을 우리는 5시간 놀며 걸었다.

직포마을에서 여천항으로 돌아왔다. 많은 사람과 자동차가 배를 기다리고 있었다. 저 많은 자동차, 때로는 위험한 함정을 만들기도 하는 문명의 이기들을 운용하면서 참 잘도 살아가는구나 싶었다. 곳곳에 숨어 있는 비렁은 겪어보지 않고는 알 수 없다. 인생의 비렁길도 그런 것이었다. 절경이 있는 곳은 반드시 비렁과 위험이 함께 도사리고 있었다. 일생을 되돌아보니 수많은 비렁길을 비켜가기도 하고 넘어오기도 했다. 위험했던 비렁을 넘는 당시에는 비렁인 것을 모르고 넘었다. 삶의 여정이 죽음을 동반하고 있지만, 죽음을 체험하지 않고서는 죽음을 알 수 없듯.

그냥 순탄한 길은 그리 아름답지 않다. 평탄한 길은 재미도 없고 지루하여 육체를 단단하게도 하지 않는다. 인생의 비렁길이 영혼을 살찌운다는 것을 세월 지난 뒤에 알았다. 세상이라는 헬스장에서 겪는 어려운 경험이 영적 몸매를 가꾸어주는 가장 강력한 운동 기구라고 하지 않는

가. 단련 없이는 영혼의 자유도 얻을 수 없으며, 영적 몸매도 흐물흐물해진다. 그래서 굽이굽이 넘어온 인생길이 아름답다고 말할 수 있는 것이 아닐까. '비렁길'처럼.

행복과 행복감

올 여름은 유난히 뜨거웠다. 뜨거운 열기에 힘입어 나는 책 한 권을 출판하는 일에 몰두하여 어떻게 여름이 갔는지도 몰랐다. 때때로 가만히 집에 있는 것이 피서이기도 했다. 외출에서 돌아오면 바로 땀을 씻고, 개운하게 차 한 잔으로 바깥을 정리하고 잠시 심수한적心手閑寂을 누리는 일은 무엇에 비길 수 없는 '행복(?)한' 순간이었다.

한때 행복 전도사를 칭하면서 활동했던 최윤희씨 부부가 동반자살 했다. 행복을 전도하는 일에 정열을 쏟던 사람이 자신의 일생을 자살로 종지부를 찍었다는 사실은 아이러니했다. 그들의 생의 결과가 행복이었던가.

과연 행복을 전도할 수 있는 일인가. 떠들썩한 광고처럼 말이다. 모든 상품광고에는 거품이 생각보다 많이 포함되어 있다. 실체가 어떤 것인지 단정 지을 수 없는 관념이 바로 행복이다. 그런 말 자체에 도달하려고 많은 사람들은 행복이란 언어의 환상을 쫓고 있는지도 모른다. 마치 아름다운 상품을 구입하듯 행복이란 이미지에 현혹되고 있지나 않을까.

TV에 나타난 행복 전도사도 점점 상품화되어 가고 있는 인상을 주고 있었다. 한치 앞도 내다볼 수 없는 것이 인간사이다. '자살'을 거꾸로 말한다면 '살자'가 된다고 외친 말은 자신에게는 미치지 못했던가. 같이 죽고 싶을 만큼의 고통이라면 당해보지 않은 사람이 어찌 가늠할 것인가. 고통을 죽음으로 끝내는 것이 행복이란 결과가 된 것 같아 안타까웠다. 차라리 죽고 싶을 만치 행복했다고 했으면 어울릴 것 같았다.

내가 자주 가는 식당에는 가끔 한 할머니가 찾아온다. 지팡이를 들고 등 가방을 짊어지고 밥을 빌러 오는 할머니다. 주방 아주머니는 그때마다 아무 말 없이 할머니의 비닐 주머니에 밥을 담아준다. 그런 광경을 보며 나는 중얼거렸다. 그래 '밥을 얻어먹을 기운만 있어도 행복하다.'란 말이 꽃동네의 선돌에도 써 있다고 했지.

한 끼 식사를 해결한 할머니는 행복한가. 배고픈 사람이 원하는 일은 배고픔을 면하는 일이다. 원했던 욕심이 이루어지거나 고생 끝에 도달한 목표를 이루면 그 순간은 행복인가. 고생 끝 행복 시작이란 말을 가끔 듣는다. 하지만 행복 시작이란 말은 다시 욕망의 시작일 것이다. 욕망을 다룰 수 없는 한 인간은 욕망의 굴레에서 맴돌다가 추락할 지도 모른다. 구태여 매슬로의 욕망의 다섯 단계를 짚어보지 않더라도 욕망은 진화하기 마련이다. 욕망은 그냥 있지 않으니까. 분명 욕망 자체는 생활의 원동력이기도 하여, 올바른 진화의 길을 걸어야 한다. 진화의 마지막 단계가 자아실현이라 하지만, 그 정점에 가서야 고생 끝 행복 시작이 아닐까도 싶다. 아무리 어렵고 고통스러운 때라도 조건에 굴복하지 않고, 불행하다거나 불평하지 않고 묵묵히 그냥 살아내는 동안이 말이 필요 없는 행복 그 자체가 아닌가. 충분히 행복한데도 내일이라면 더욱 행복할 것을 기대한다면 행복은 찾을 수 없을 것이다.

보통 문명과 생활과의 연계성을 말하곤 하는데 문명이 발달할수록 우리의 생활은 그만큼 편리해지고 풍요해지는 것 같은 면도 없지는 않다. 흔히 문명과 문화의 차이를 혼동하기도 하는데, 문화는 사람들의 살아가는 방식을 말하며 나라마다 다양한 모습으로 나타난다. 그 이유는 각자 처한 시대와 환경이 다르기 때문이다. 문명은 그 정도에 따라 우열을 가리지만 문화는 우열이 있을 수 없다. 일례로 서양의 포크와 나이프를 사용하는 식습관에 견주어 맨손으로 식사를 하는 아랍의 습관을 비위생적이다 할 수 없으며, 첨단 과학문명의 생활과 비교해서 원시문명의 생활을 얕잡아 볼 수도 없다.

문명을 많이 소유했다고 해서 행복이 비례하는 것은 결코 아니다. 행복은, 어떠한 환경 속에서도 얼마나 보람을 느끼고 얼마만큼 만족하는가에 따라 달라진다. 피부색과 언어와 문명을 떠나 우리는 서로의 문화를 존중해야 하며 각자의 행복을 중요시해야 함을 배우고 깨닫는다.

방글라데시라는 나라는 세계에서 삶의 조건이 열악하기로 손꼽지만 상대적으로 행복지수는 최고 수준이라고 조사된 바 있다. 티베트의 고원지대 사람들은 일 년에 몇 번 씻지 않고도 행복감을 느끼며 살고 있다. 아주 옛날에 우리도 그랬던 것처럼. 아프리카 가나의 시골에는 화장실이나 욕실도 없는 곳이 아직도 허다하다. 그래도 즐겁게 살고 있다.

행복이란 삶의 조건에서 오는 것이 아님이 증명한 셈이다. 여러 문화가 공존하는 지구는 얼마나 아름다운가. 같은 문화권 내에서도 개인의 차이에 따라 문명적 환경이 다를 수도 있다. 그렇더라도 한쪽에서는 행복감에 젖어 있는데 그렇지 못한 사람들이 있다면 아직 인류의 행복 그 자체가 구현되지 않았다고 해야 할 것이다.

평소에 나는 '행복하다'는 말은 잘 쓰지 않는다. 우리가 흔히 행복하다고 말하는 순간은 언제나 조건에 따른 행복감幸福感을 말함이지 '행복' 그 자체는 아니다. '얼마나 행복한가!'라고 말하는 순간은 그 행복이란 것 안에 있지 않은지도 모를 일이다. 그런 순간은 말하지 않아도 행복감의 바이러스가 전파를 탄다.

말할 수 있는 행복이란 어쩜 기분이 좋다 또는 '즐겁다', '기쁘다'라는 상태를 표현하는 것이 아닐까. 그 감感은 사람마다 환경마다 다른 개별적인 행복감이라고 말하고 싶다. 행복한 기분은 삶을 영위하는 원동력이 된다. 하지만, 단지 행복감을 찾아다니는 것이 삶의 목적이라면 인간은 끝없는 갈애渴愛의 굴레에서 벗어날 수 없을 것이다. 행복이란 것을 생각할 겨를 없이 그냥 사는 삶. '행복'이란 말을 사용하지 않아도 되는 세상에서의 삶이라면 인류의 행복진화는 더 높이 날 수 있으리라.

일상의 작은 행복감을 만드는 일도 삶의 조건을 향상시키는 일이다.

그리하여 정신적 자기 구현을 통해 두려움이 없는 마음의 평안을 확대하여 나가는 사람들이 많아지면, 그런 사람들이 만드는 이상향은 현대 '화가들의 천국'에 나타난 자유로운 세상이 될 것이다. 성서의 작가처럼, 시대를 초월한 모두의 꿈이었기에 반드시 '장차 올 평화스런 지구촌'을 그렸으리라.

인류는 어차피 행복의 열차에 다함께 올라타야만 하는 같은 목적을 가진 동족이 아닌가. 먼저 달려와서 기차에 올라탔다고 해서 나중에 올 사람을 기다리지 않으면 떠날 수 없는 열차가 행복 열차가 아닐까.

제 3 부
익어간다는 것

내 인생의 책 한 권

《나의 차마고도茶馬孤道– 오심지다吾心之茶》, 나의 4번째 수필집 '차茶 에세이집'이 출간되자, 2014년 12월 5일 금요일 전북일보의 〈책과 세상〉에 소개되었다. 〈책과 만나는 세상〉 조윤수 수필집 〈나의 차마고도〉란 제목이었다.

이 기사를 읽은 KBS 라디오 프로그램의 기자가 전화를 해왔다. 〈내 인생의 책 한 권〉에 소개하고 싶다고 했다. 인터뷰를 했다. "안녕하세요? 오늘 추천하고 싶은 책은 《나의 차마고도茶馬孤道– 오심지다吾心之茶》입니다." 이렇게 시작하여 책의 내용을 소개했다.

커피는 지옥보다 검고, 죽음처럼 강렬하며, 사랑보다 달콤하다는 터키의 속담처럼 향기는 매력적입니다. 커피 카페가 우후죽순처럼 생기는 이 시대 우리나라 거리입니다. 물론 커피에도 좋은 효능과 그에 알맞은 도道가 있습니다. 그러나 어쩌면 지구의 태생과도 함께해온, 동양의 역사에서 빼놓을 수 없는, 차나무의 잎으로 만든 마실 거리인 차에 대하여 소홀해서는 안 되겠다는 생각이 들었습니다. 소박하지만 은근하게 맑은 녹차와 풍미가 좋은 발효차의 깊은 매력을 오랜 체험을 통하여 알게 되었습니다. 차에 대한 역사와 상식뿐 아니라 차茶를 둘러싼 풍경과 옛 다인茶人에 관한 일화와 문학작품 등을 소개했습니다.

차를 소재로 글을 쓰게 된 계기도 궁금합니다.

내 인생의 전반기를 정리해보려고 수필을 배우기 시작했습니다. 어쭙잖은 수필집 3권을 낸 바 있습니다만, 저의 두 번째 수필집인 《나도 샤갈처럼 미친及 글을 쓰고 싶다》의 작품 해설에 보면 이런 글이 있습니다. "…… 심미안을 연마하기 위하여 작가는 '수필'이라는 매우 성능 좋은 도구를 향기롭게 부려 쓰고 있습니다. 마치 차를 마시듯이, 잘 구워 빚어낸 다기에 알맞게 식힌 찻물을 앉히고 그 녹색의 잎에서 푸른 영혼이 우러나오는 것을 기다리듯이, 그는 수필을 우려내어 사유의 풍성한 자락을 펼쳐 보입니다. 작가에게서 차茶를 제외하고는 그를 제대로 읽을 수 없습니다. 전통 차문화에 대한 천착의 이력만을 말하는 것이 아닙니다. 생활 속에서, 혹은 사유의 매개체로서, 또는 삶의 구체성을 사유의 맥락으로 끌어들이는 과정에서, 차는 중요한 도구가 되고 있음을 그의 작품 곳곳에서 엿볼 수 있기 때문입니다. 그러고 보면 그가 즐겨 차를 우려내는 것은 수필의 향기를 우려내는 일이요, 삶을 아름답게 우려내는 일이며, 나아가 인생의 향기를 우려내는 일의 다름이 아니라고 여겨집니다."

글을 쓰는 나는 의식하지 않았지만, 해설가는 저의 작품집에서 저의 생활 중심에 차가 있다는 것을 간파하였던 것입니다. 그 뒤로 언젠가 차

茶를 주제로 하는 수필집을 엮어야겠다고 생각하였습니다. 차 생활이 익어감에 따라서, 차의 경영이야말로 바로 내 인생의 경영이라는 깨달음이 왔습니다. 이제야 겨우 시작한 것 같습니다. 어렵고 힘든 작업이었지만 보람 있는 일이었습니다.

책 제목이 《나의 차마고도茶馬孤道》 인데요, 정확하게 무슨 뜻인가요?

차마고도茶馬古道는 비단길보다 200여 년 앞선 동서양의 교역 길로 중국의 차茶와 북방의 말을 매개로 중국 서남부(윈난 지역)에서 티베트를 거쳐 인도까지 인류가 교류하는 길이었습니다. 차의 교역로인 〈차마고도茶馬古道〉를 빌려 내가 걸었던 차 생활의 길이란 뜻으로 옛 고古를 고孤로 바꾸어, 고독한 차茶의 길이란 뜻을 담았습니다.

사실 나는 그 방송을 직접 듣지는 못했다. 어느 날, 지인 한 분이 운전 중에 우연히 KBS 라디오 프로그램의 〈내 인생의 책 한 권〉의 방송을 듣고 바로 나에게 전화를 해주었다. 서로의 안부를 반갑게 나누는 기회가 되었다. 또 한 날은 내가 일주일에 하루 근무하는 국립전주박물관으로 손님이 찾아왔다. 그는 〈책과 세상〉의 신문기사를 보자 즉시 책방으로 가서 그 책을 구매하고 내 친필 사인을 받으려고 왔다. 참으로 기뻤다.

얼마 전, 집으로 돌아오는 길에 전화 한 통을 또 받았다. 운전 중이었는데, 잠시 멈추고 통화를 했다. 내 책을 반쯤 읽다가 도저히 참을 수 없어서 목소리라도 듣고 싶었다고 했다. 남편이 도서관에 간다기에 자신이 읽을 만한 책을 빌려 오라고 부탁했는데, 《나의 차마고도》를 가져다

주었단다. 자신도 차 생활을 하긴 하지만 자기보다 고수高手란 생각이 들어 스승으로 생각해도 좋겠다고 한다. 참 반갑기도 해서 언젠가 만날 약속을 했다. 남편이 도예가이니까 찻그릇도 만들고 차를 배워 아이들에게 가르치기도 한다고 했다. 다우茶友들이 모두 멀리 있는데 새로운 지기知己 하나를 얻은 것 같았다.

첫눈이 내린 다음 날, 뜻밖에 출판사로부터 전화를 받았다. 《나의 차 마고도》가 〈2015년 세종도서 문학나눔〉 도서로 선정되었다는 소식이다. 세종도서란 2013년까지 문화관광체육부가 선정하던 우수 도서(학술, 교양, 문학나눔 세 부문)의 새로운 이름이다. 「세종도서」는 출판산업 진흥 및 독서문화 향상을 위하여 벌이는 사업으로, 문화관광체육부에서 주최하고 한국출판문화산업진흥원에서 주관하여 해마다 우수한 도서를 선정한다. 선정된 도서는 공공도서관, 작은도서관, 초중고등학교, 사회복지시설 등 3,800여 곳에 배포된다.

내 책을 받은 많은 문인과 지인들이 참으로 따뜻한 격려를 보내주었다. 부끄럽고 감사하다. 이미 내 손을 떠난 것이기에, 독자들의 몫으로 너 싶은 수필의 맛을 빚어가면서 차와 만나주기를 바랄 뿐이다. 시집에 자신의 시를 넣고도 끊임없이 퇴고한다는 어느 시인처럼, 나도 지난 부끄러운 수필집을 가끔 다시 읽으며 퇴고를 한다. 이번에도 그럴 것이다. 다도茶道야말로 이제 입문한 것 같아서 더욱 정진하며 못다 한 말을 다시 쓸 기회가 있기를 바란다. 기력이 약해가지만, 생이 다하도록 공부하며 정진하려고 한다. 이렇게 〈내 인생의 책 한 권〉이 은혜롭기도 했지만, 채찍이기도 하다.

암살
– 나의 광복 70주년 (1)

통곡하고 싶었다. 무의식중에 치밀어 오르는 것이 무엇인가. 복받쳐서 삐져나온 눈물을 가까스로 닦았다. 옆자리의 아들도 비슷한 느낌이었던 것 같았다. 이렇듯 울고 싶은 심경은 어디서 비롯된 것일까. 영화의 막바지 장면, 같은 조선인 두 사람이 치열하게 싸우다가 마침내 한 명은 쓰러져 죽는다.

영화, 《암살》은 1930년대 상하이와 경성을 주 무대로 한 독립군의 활동을 그렸다. 저격수 안옥윤과 속사포, 폭탄 전문가 황덕삼은 일본군 사령관과 친일파 강인국의 '암살작전' 밀명을 대한민국 임시정부로부터 받는다. 그들은 일본에 노출되지 않은 인물이었다. 이들을 뒤쫓는 이정재와 하정우가 암살단을 둘러싸고 전개되는 내용이 영화의 줄거리였다. 영화의 전반전에서는 다소 연결이 부자연스런 듯한 혼란스런 긴박감만 있었다. 지난해 최동훈 감독의 《도둑들》을 보는 것 같은 액션의 재미와 독립군의 활동에 대한 전율도 있었지만, 어느 순간 거듭되는 액션에 졸기도 했다. 저격수 안옥윤의 1인 2역의 존재가 드러나면서 영화는 반전

되고 자연스런 전개로 연결되는 것 같았다.

항상 이 순간, 지금에 집중해서 살아야 하지만, 나와 이 순간이 어디서부터 흘러온 것인가를 생각할 때면 숙연해진다. 인류의 역사 과정을 공부할 때면, 때로는 우주의 어느 별에서, 때로는 지구의 끄트머리 어느 지점에서 현실을 보는 것 같아 새삼 생각에 잠길 때가 있다. 가끔 외딴 마을의 폐사지廢寺址나 과거 역사의 흔적과 마주칠 때, 그 시절 풍경을 상상하노라 현재를 잠시 잊기도 한다. 망연히 하늘을 올려다보며 그 지난至難한 세월이 누적된 역사미歷史美의 감상에 젖기도 한다.

올해 70주년을 맞은 광복절 기념식 행사는 특별했다. '나는 대한민국이다'란 주제로 계층별 합창단의 구성과 연습 내용까지 홍보가 대단했다. 소위 해방둥이라고 불리는 45년생들로 구성된 합창단도 있었다. 한평생이라는 70년 동안 개인의 삶과 한국의 역사를 보는 관점도 사람에 따라 각양각색이지만 식민지에서의 해방과 6 · 25라는 한국전쟁으로 분단의 세월을 똑똑히 기억하고, 근대를 관통해온 세대다. 나도 해방 2년 전에 태어났으니, 감회가 없을 순 없다.

《암살》은 광복 70주년에 맞추어 오랜 시간 준비된 영화인 것 같아서 의미가 있을 것 같았다. 존재만으로도 신뢰와 흥미를 가질 수 있는 배역, 전지현, 이정재, 하정우였고, 오달수, 조인웅, 최덕문은 얼굴은 알지만 이름은 몰랐다. 안옥윤의 캐릭터를 맡은 전지현은 알수록 매력 있고 관심이 가는 배우였다. 그 캐릭터는 전지현을 위한 영화였다고 해도 과언이 아닐 정도였다. 자주 영화를 보는 편은 아니지만, 광복 이후 우리 영화 기술 또한 그 70년의 발전 과정을 증명했다. 6 · 70년대까지 외국 영화만 보고 한국영화는 도외시하지 않았던가. 지난 시대의 고증과 연출이 정말 뛰어나서 관객은 완전히 그 시대에 몰입하게 된다. 영화 제작 준비 과정과 노력 자체가 광복 70년 동안 이루어낸 예술 분야의 결과였다는 생각이 들었다.

조국이 사라진 시대에 살았던 사람의 실상은 어땠을까. 역사적 사실로 피상적으로 알고 있었다. 영화는 그 시절로 실감 나게 들어가게 한다. 감동을 주었던 영화의 기술이 아니었다면 더 깊이 생각하지 못했을 그날들이었다. 아마도 식민지와 한국전을 경험하지 못한 세대들도 그렇지 않을까. 그래서 광복절을 맞이하여 세대 간의 소통을 강조하고 잊지 말아야 할 광복의 의미를 강하게 부각하여야 하는 시대적 사명이 있는 것이리라. 현대사의 무대에서 나는 어떤 역이었을까 생각하는 사이 영화는 계속되었다.

안옥윤이 죽었다고 알고 있었던 쌍둥이 동생이 친일파 강인국의 딸 미치코가 되어 등장하면서 전지현의 1인 2역의 면모가 드러난다. 옥윤이 어렸을 때 강인국은 부인이 자기 집에 잠입한 독립군을 숨겨준 것을 눈치 채고 부하에게 부인을 죽이라고 했다. 쌍둥이 언니였던 안옥윤은 살아남아 독립군의 저격수가 되었다. 말하자면 친일파 거두 강인국은 자신의 아버지인 셈이다. 쌍둥이 동생 미치코가 백화점에서 안경을 사려던 옥윤이 자기와 똑 같이 닮아서 유모에게 알아보던 중. 작전을 위하여 옥윤이 그녀의 집에 잠입하였는데, 미치코를 옥윤으로 착각한 일본군이 저격하여 죽이고 말았다. 찰나에 옥윤은 미치코가 되어서 살아남았다. 일본 사령관의 아들과 미치코의 결혼식장. 결전의 날이다. 안옥윤은 미치코의 결혼 드레스를 입고 등장한다. 주위에서는 암살단 동료와 염석진, 하정우가 대치하고 있다. 결혼 드레스를 입고 피를 뿌리면서 빼어난 저격수의 역할을 해낸 장면은 하이라이트를 장식했다. 결국 암살단의 밀명은 성공했지만. 동료 두 사람의 희생은 막을 수 없었다.

나를 울게 하였던 그 마지막 무렵의 한 장면. 치열하게 싸운 두 조선인. 염석진 (이정재분)은 임시정부 경무국 대장이었지만 나중에 배신했다. 그리고 누군가에게 거액의 의뢰를 받은 청부살인업자 하와이 피스톨(하정우분). 같은 독립운동의 한가운데 있으면서 입장을 달리하여 엇갈린 운명이었다. 하정우도 암살단을 쫓고 있었지만, 나중에는 안옥윤을 돕는 입장으로 바뀌었다. 한때 커피숍에서 '커피 남'으로 갑자기 검문하는 사람을 피하고자 안옥윤에 다가가서 부부 행세를 했던 사람이다.

그리고 염석진과 하와이피스톨(하정우)의 결전이 내 가슴에까지 피를 뿌렸다. 언제까지 동족끼리 이념의 갈등과 눈앞의 이익을 위해서 칼부림을 해야 할까. 부모와 형제도 모른 채, 이것이 나를 슬프게 했다. 아직도 계속되는 조국의 현실과 인간관계가 그렇지 않은가. 나라가 없어진다 해서 개인이 금방 사라지는 것은 아니다. 그러기에 조국이 없어진 상황을 체감할 수 없는 현장에서는 각자의 입장이 첨예하게 달라질 수가 있을 것이다. 공동체의 정체성이 사리진 자리에서 의식이 없는 개체의 삶은 어떤 방향으로 흐를 것인가.

염석진이 재판정에서 변명한 말 '나도 일본인의 총격을 다섯 번이나 받았소!' 외치면서 웃옷을 벗은 채 재판정은 벗어났으나, 그는 시대의 심판을 맞고 마침내 쓰러진다.

긴박한 상황에서도 옥윤이 애틋한 눈길로 '우리가 다시 만날 수 있을까요?' 간절했던 바람은 허공중에 사라지고 말았다. 아직도 떠오르는 애절한 장면이다. 수많은 염원이 허공에 떠도는 한 어떻게 세상이 조용할 수 있을까.

국제시장
– 나의 광복 70주년 (2)

지난겨울 주목을 받았던 영화다. 영화의 초점은 가족을 위해 굳세게 살아온 그때 그 시절, 해방 뒤 일어난 동족상잔同族相殘의 전쟁을 통하여 겪었던 우리나라의 근현대사를 한 평범한 아버지의 일대기를 통하여 펼쳐냈다. 한마디로 《국제시장》은 《암살》 뒤의 우리의 자화상이었다.

1950년 한국전쟁으로 피난 온 덕수'(황정민 분)의 다섯 식구, 전쟁 통에 헤어진 아버지를 대신해야 했던 '덕수'의 일생을 통하여 우리나라가 발전하게 된 배경을 그려냈다. 고모가 운영하는 부산 국제시장의 수입잡화점 '꽃분이네'에서 일하며 가족의 생계를 꾸려 나간다. 모두가 어려웠던 시절, 남동생의 대학교 입학 등록금을 벌기 위해 이역만리 독일 광부로 떠난 '덕수'는 그곳에서 첫사랑이자 평생의 동반자 '영자'(김윤진 분)를 만난다. 그는 가족들 삶의 터전이 되어버린 '꽃분이네' 가게를 지키기 위해 '선장'이 되고 싶었던 오랜 꿈도 저버리고 다시 베트남으로 건너가기도 했다.

《암살》을 보면서 울고 싶은 나의 응어리는 먼 조상보다 내 어머니, 아버지의 염원 때문이리라. 아이들이 출가하지 않았을 때 가끔 식탁에 둘러앉아 어처구니없는 피난의 여정으로 병든 내 어머니 이야기를 한다. 그럴 때 아들이 하는 말이 있다. "또 어머니 그 얘기다."

나는 경남 진주에서 태어났지만, 아버지의 직장 때문에 부산에서 자랐다. 아버지는 9 · 28 수복 때 개성까지 발령을 받았으며, 그때 우리는 이삿짐을 싸들고 개성까지 올라갔지만, 바로 1 · 4 후퇴로 피난해야 했다. 뚜껑 없는 기차에서 굴러 떨어진 일도 그때는 어려서 아픈 줄도 몰랐다. 영락없이 '덕수'가 흥남부두의 뱃전에서 놓친 막내 동생 같을 뻔한 사건이었다. 두 달 만에 살림을 다 버리고 맨몸으로 내려온 어머니를 생각하면 언제나 눈물이 북받친다. 지금도 떠오른다. 막내 남동생을 임신하고 네 살 백이 동생은 등에 업고, 그 소중했던 라디오 상자를 머리에 인 어머니의 영상이 지금도 사진처럼 떠오른다. 오죽하면 피난 시절 문간방에서 살 때, 중학교 시험 보러 나가는 딸의 뒤통수에 대고 세숫물을 뿌리면서, '시험에나 뚝 떨어져라!' 했을까. 난 살면서 어머니의 그 말에 한 번도 원망을 가진 적이 없었고, 시험에 떨어진 적도 없었다. 그때 이후로 나는 학교 때문에 이산가족으로 방학 때면 전주서 부산으로, 서울에서 부산으로 다녔다.

우리 자매들의 추억이 녹아있는 부산 국제시장에서 놀다 온 날 밤, 눈시울도 적시면서 웃다가 지난 세월의 추억을 되살렸는데 각자의 《국제시장》의 역할과 감상은 다 달랐다. 지나고 보니, 영화 속 같은 극렬한 어려움을 겪지 않았다지만, 전쟁 후 부산 구덕산 위의 천막 교실에서 공부하는 장면 속에 내가 있었다. 내게는 고향의 로망이 없는 대신 국민학교 시절 그 천막교실의 기억. 국제시장에 불이 났을 때 구경 갔던 일. 그리고 영도다리와 송도해수욕장 등이 있다. 큰언니는 일찍 공부를 접고 취직해야 했다. 작은언니는 병석에 눕게 된 어머니 대신 살림을 맡았다. 셋째인 나만 대학까지 공부하게 되고 나도 취직한 뒤 동생이 공부할 수 있도록 도왔다. 전연 알지 못했던 언니의 이루지 못한 러브스토리도 새삼 들으며 웃음 섞인 빵을 먹을 수 있었다. 영화 속의 덕수네 자식들이 그런 것처럼.

세상에서의 어머니와 아버지 나이보다 더 산 우리 자매의 일생이 그 가운데 있었다. 하지만 그러한 고행을 한 부모님, 덕수와 같았던 처지의 두 언니의 희생 위에서 나는 비교적 수월하게 공부할 수 있었다. 그 시절 대학까지 나올 수 있었던 사람이 지금 나온 통계를 보니 십 퍼센트도 안 되었다. 대학 공부를 했다 해서 모두 훌륭한 것은 아니다. 말이 대학이지 지금 생각해보면, 아무것도 공부한 것이 없는 것 같다. 생활 터전에서, 직업 전선에서 그 만큼의 결과를 이룬 사람을 보면 부끄럽기조차 하다. 전쟁에 희생당한 수없는 목숨의 대가와 주위의 많은 도움으로 그렇게 현대사를 지내올 수 있었다는 것에 눈물어린 고마움을 새삼스럽게 느낀다. 아무라도 그만한 노력과 어려움이 어찌 없었겠는가. 고난과 고독한 생의 길목마다 그 희생에 보답하는 삶이어야 한다는 막연한 사명 같은 의식도 있었다. 뒤돌아보며 회한에 젖기보다, 나름대로 좀 더 나은 미래 사회를 위한 일련의 작업에 참여한 적도 있었고, 더 넓은 사회로 나가기 위해서는 인류 모두의 갈등이 평화 안에서 해결되어야 한다는 신념을 지녔지만, 이제와 보니 무엇을 배웠으며 무엇을 했는지 공허하기만 하다.

영화 속의 주인공들처럼, 같은 시대 같은 운명을 짊어지고 있었지만, 개인의 입장을 달리하여 엇갈린 운명도 많다. 나라와 나라 간의 이해관계부터 우리의 인간관계는 방향을 선택해야만 하는 기로에 직면하게 되는 일이 많다. 정치적 입장, 또는 경제적 위기와 사회적 입장에서 자신이 처한 위치에서 어떻게 해야 진정으로 나와 모두를 위한 선택인지 늘 진지한 물음을 물어야 할 때가 있기 마련이다. 대의를 위한다고 해서 개인의 현실이 어두워서야 되겠는가.

차이와 다름을 철저하게 인식하고 다시는 서로의 가슴을 겨냥하는 일이 없으면 좋으련만…. 소위 압축근대라고 하는 발전 뒤에는 어두운 그늘과 잃은 것도 많다. 분단을 안고 있는 우리나라는 어떻게 북녘과 소통하고 교류해 나갈 것인가. 역사적 문화적 갈등을 어떻게 전개하여 더 나은 미래로 나아갈 것인가. 그것을 토론하고 있다. 미래 30년을 위하여. 내세워 외칠 역할은 없지만, 혼자 있을 때 삼가라 했다. 개인의 자립정신이 서야 하고, 내가 밝아야 세계가 밝아진다 했으니….

해방 후 남북이 각각의 정부를 세운다고 했을 때다. 김구 선생은 지금

대화하여 통일 정부 수립을 하지 않으면, 앞으로 50년, 100년 후도 독립이 어려울 것이라고 했다. 그 때 그가 외쳤다던 서산대사의 시. '답설야중거踏雪野中去/ 불수호난행不須胡亂行/ 금일아행적今日我行跡/ 수작후인정遂作後人程' 밤중에 들판에 쌓인 눈을 밟으며/ 함부로 하지 마라/ 오늘 남긴 내 발자국이/ 마침내 뒷사람의 이정표가 될 것이니.

* 서산대사의 시로 알려진 〈답설야중거〉는 조선시대 임연당臨淵堂, 이양연(1771–1853)의 작품 〈야설野雪〉로 밝혀졌다고도 한다.

내포 들녘이 말하다

충남 예산 지방으로 들어서니, 애정 어린 농촌의 전형을 그리려면 내포 땅이 좋다고 한 화가의 말이 떠오른다. 완주의 벚꽃은 꽃비가 내려 흥건하게 땅바닥을 수놓고 있었는데, 이곳은 아직 봄날이 무르익고 있었다.

차령산맥 위쪽 가야산을 둘러싼 예산, 서산, 홍성, 태안, 나아가 당진, 아산에는 비산비야의 넓은 들판이 생겼단다. 옛날에는 여기를 '내포內浦'라 했고 지금도 이 일대를 내포평야라고 부른단다. 내포 지방은 전북의 김제나 부안 지방같이 농사와 과일이 잘 되고 수산물도 풍부하여 살기 좋은 곳으로 알려졌다. 택리지에 "산천은 평평하고 아름답고 서울의 남쪽에 위치하여 서울의 세력 있는 집안치고 여기(충청도)에 농토와 집을 두고 근거지로 삼지 않는 사람이 없었단다. 사실 안동 김씨 후예인 내 동생 시댁도 이곳에 땅이 제법 있었다는 소리를 들은 적이 있었다.

버스가 우리를 내려놓은 곳은 '충의사'와 '예덕상무사' 앞이다. 관광이나 유적 답사는 길을 떠나 새로운 곳에 찾아가서 사람이 살았던 흔적을 더듬으며 그 옛날의 영광과 상처를 되새기고 나아가서 오늘의 나를 되물으면서 이웃을 생각해보는 일이다. 그 땅의 역사 지리와 삶의 내용인 인문지리를 어느 정도 이해하는 일이 바탕이 된다.

예덕상무사에 들러서 옛날 보부상들의 흔적을 둘러보는 일도 의미 있는 일이라고 생각한다. 보부상들의 삶과 유품전시장에서 우리는 옛날 장돌뱅이들이 등짐을 지고 험한 산길을 넘나다녔던 것을 그려볼 수 있게 된다. 조선 정조임금 시절 제주도의 거상이 된 '김만덕'의 드라마를 보았는데, 거기서도 부보상을 꾸려서 장사하는 모습을 보았다. 왜 보부상이라 하지 않고 부보상이라고 하는지 의문이 되었는데, 알고 보니 보부상이나 부보상이나 같은 말이었다. 보상은 보자기에 싸고 다녔고, 부상은 지게에 지고 다녀서 생긴 이름이니 그렇다.

우리의 문학 속에 나타난 보부상의 흔적은 '정읍사'와 '메밀꽃 필 무렵'에 나타나 있는데, 오늘 이 전시관을 통하여 행상들의 생활을 살펴보니 정읍사의 여주인공이 행상을 나간 남편을 기다렸던 심정이 비로소 애틋하게 다가오기도 했다. 장돌뱅이라 불리는 보부상이 하나의 길드적 조직으로 형성된 것은 고려 말, 조선 초로 생각된다. 이성계가 석왕사를 지을 때 황해도 토산 사람 백달원이 보부상을 거느리고 불상과 건자재를 운반한 공이 있어서 태조가 그에게 보부상의 상행위에 관한 전권을 주었다고 한다. 그래서 '예덕상무사' 비각 안에 모셔져 있는 역대 보부상 두령의 위폐 중에서 '두령 백토 선생 달원 신위'가 중앙에 크게 세워져 있다.

> "보부상의 조직은 근대로 내려올수록 커지고 사회 구성에서도 점점 큰 몫을 갖게 됐다. 1866년에 와서는 드디어 나라에 보부처가 세워졌다. 대원군의 큰아들 이재면이 이 보부청의 청무를 맡았다. 그러고 나서 보부청은 여러 번 기구가 개편되고 명칭이 바뀌다가 1899년에는 상리국商理局 안의 좌사, 우사로 개편됐다. 그래서 생긴 말이 상무사이며 한일합방 후에는 일본인들이 이들을 해산시키고 상권을 오로지하였다."
>
> (유홍준의 〈나의 문화유적답사기〉 중에서 발췌)

이 보부상들이 정치에 관여하고 환난에 공헌한 것은 사실이다. 임진왜란 때 행주산성의 권율 장군에게 수천 명의 양식을 조달해주었고, 병자호란 때는 청나라 군사의 포위망을 뚫고 양곡을 조달해주었으며, 1866년 병인양요 때는 강화도에 군량을 운반해주었다고 한다. 농민전쟁 때와 갑오농민전쟁 때는 관군을 도와 농민군 토벌에 공을 세웠다고 한다. 내포 땅에 가면 보부상들이 쉬었다는 밤나무 울타리의 주막이 있다는데 지금도 있는지는 의문이다. 정치에 관여하고 관군을 도와서 토벌에 공헌하였다는 것은 오늘에 와서 보면 민중의 한 형태로 보일 뿐이다. 대부분의 행상은 힘든 생활이었음에도 불구하고 농민전쟁 때에는 민중의 입장에 설 수 없었다. 그들의 시장을 지켜야 하기 때문이었다.

오늘날 정경유착이라는 단어의 뿌리가 이때에 자리 잡았던 것을 알 수 있다. 관권과 상권의 결탁이라는 것이 이토록 오랜 뿌리가 있다는 것을 인식하게 된다. 결국, 그들이 국가의 반란 때 이바지했다는 것은 그들의 순수한 애국적 동기보다는 상권을 지키기 위한 시장보호 차원이었다고 보아야 한다는 것이다. 그런 의미에서 이 상무사에 와서 과거에서부터 쭉 이어져 온 사회의 밝은 면과 어두움을 읽어봐야 할 것이다.

예덕상무사 옆에 '윤봉길의사기념관'과 충의사가 있다.

윤봉길의사도 이 보부상단들로 인하여 세상 소식과 일본인들의 동태에 대한 정보를 입수할 수 있었다. 농사가 잘되는 내포 땅, 기암절벽이 만드는 절경은 없어도 낮은 구릉으로 이어져서 부드럽고 온화하다. 누구라도 고향 같은 친근감이 있는 이 땅에서는 윤봉길 의사를 비롯한 기골이 장대한 걸출 인물이 많이 탄생한 것은 아마도 이 평야보다는 가야산 정기 때문이지 않을까 한다. 최영 장군부터 시작해서 사육신의 성삼문, 임진란의 이순신, 9년 유배객 추사 김정희, 구한말에 자결한 의병장 면암 최익현, 김대건 신부, 김좌진 장군. 개화당의 김옥균, 상록수의 심훈, 남로당의 박헌영, 만해 한용운과 화가 고암 이응로 등이 그들이다. 자기의 명을 못다 할망정 의를 다한 분들이다.

윤봉길 의사는 어렸을 때부터 누구와의 싸움에도 지지 않았다고 한다. 그러한 성정이었으니 어찌 일제와 싸우지 않을 수 있었을까. 내포 땅의 가야산 주변에는 걸출한 인물들이 많이 배출된 만큼 명승지도 많다. 고건축박물관이 세워질 만큼 예산 지방에는 불교와 유교 건축물이 많다.

지나는 거리마다 나무들의 새 잎이 쫑긋쫑긋 반짝이며 생명의 환희를 일게 한다. 의를 다한 선조들의 은덕으로 이 봄을 즐길 수 있는 것인가! 완주의 벚꽃은 다 떨어져 어디로 가고 있는가 했더니 이곳의 하늘 아래 봄볕을 누리고 있지 않은가!

수덕사에서 만난 몬드리안

지난겨울 수덕사에서 피에트 몬드리안을 다시 만났다. 흰 눈이 많이 쌓인 주변이어서 오히려 그림의 선이 선명했다. 화려하고 번쩍번쩍한 장식에 길든 현대인에게는 눈길을 끌지 못할 수도 있는 대웅전이다. 그렇기에 그 간결한 마름모꼴의 사방연속무늬로 된 창살을 단 대웅전이 배흘림기둥과 어울려 강렬한 힘과 멋을 풍긴다. 그리고 그런 대웅전의 측면 벽면이 현대의 신조형주의 그림 같다.

목조건축으로서는 몇 안 되는 고려 때 지은 전각으로서 700년을 견뎌온 작품이다. 나무로 된 집이 그 숱한 세월의 기원을 고스란히 담고 있다니! 유홍준은 말했다. "안정된 정서를 갖고 있는 사람이라면 수덕사 대웅전의 저 간결미와 필요미가 연출한 정숙한 아름다움에 깊은 마음의 감동을 받게 될 것이다." 나는 오래된 건축물 앞에 서면 저절로 정서가 안정되면서 숙연해지기도 한다. 대웅전을 보는 맛은 마치도 가벼운 밑 화장만 한 중년의 미인을 만났을 때 느끼는 감정 같은 것이라고 했다. 나는 이미 중년은 넘기고 노년에 접어들었는데 젊을 때부터도 색조화장에는 서툴고 또한 어울리지도 않아 말대로 밑 화장만 주로 하는 셈인데, 나에게는 그런 미인의 풍을 지니지 못한 것이 민망스럽지만, 나의 정서만은 그런 미인이고 싶다.

대웅전 측면 벽이 한 눈에 들어오는 곳에서 보면 자연스럽게 흘러내린 지붕선 아래의 면 분할이 몬드리안의 신조형적인 그림을 연출한 것 같다. 대웅전 안에는 건축부재들이 시원스레 그대로 노출되어 유기적으로 연계되어 있다. 들보와 창방 등의 기둥이 안벽에서 밖으로 튀어나와 그대로 노출되어 있다. 이것이 적당한 벽의 면을 나누어 노란 바탕 면에 선으로 그린 것 같기에 몬드리안의 그림 같다고 하는 것이다. 전문적인 안목은 아니지만, 그어진 선만으로 그렇게 비친다고 본다.

마침 전주에서는 겨우내 전라북도립미술관에서 열린 대형 전시회 "나의 샤갈, 당신의 피카소'란 제목을 걸고 베네주엘라에서 대여해 온 '현대미술거장전'이 열렸다. 현대미술의 사조를 통하여 본 서양미술사의 맥을 조금이나마 짚어 볼 기회였다. 여기서 피에트 몬드리안의 그림을 진짜로 만나고서 수덕사의 벽면에서 본 몬드리안을 함께 생각했다.

흔히 예술은 자연의 모방이란 말을 많이 하고 또한 그렇기도 하다. 하지만 자연의 변화무쌍한 변신과 무궁무진한 조화의 연속에서 우리는 어떻게도 흉내 내지 못하고 갖지 못하는 갈증만 더할 때가 많다. 자연과 하나 되는 간절한 염원만을 중얼거리다가 망연해질 뿐이다. 예술가들은 자연의 문턱에서 목말라 애태우며 소망한다. 피에트 몬드리안도 그러했기에 차라리 자연을 등지고 자신의 집 창문으로 경계를 치고 산 것일까. 지금까지의 미술 사조를 뛰어넘고 신조형주의 세계를 창조하려고 노력했던 것일까. 우리네의 옛 조상들처럼 조각 천으로 만든 조각보나 창호지 창문의 창살 무늬가 또한 몬드리안의 선의 예술 같아서 친근하게 보이는 걸까. 우리의 조상들은 미술 사조를 몰랐더라도 이미 초현대적인 조형미를 창조할 수 있는 재능이 있었던 것일까.

몬드리안의 말년의 신조형적인 그림은 순전히 선과 면으로 이루어진다. 수평선과 수직선, 정사각형과 직사각형의 순수기하학적 형태의 화면 구성을 하고 있다. 색도 삼원색과 흰색, 검정, 회색만 이용하는 것 같다. 왜 단순한 선과 면으로 된 그림이 아름다운지. 이것은 다분히 철학적이고, 자기 성찰과 명상적인 요소가 아닐까 싶다. 그 내용을 어떻게 알 수 있을까. 새삼스럽게 주어지는 철학적 질문을 되새김질하게 된다.

영원에서 순간으로

한바탕 소나기가 내린 후 맑은 하늘이 구름 사이로 나타난다. 돌아서려다 말고 햇살에 비친 연꽃을 다시 보고 싶었다. 최대의 자연광인 햇빛을 놓칠 수는 없다. 그 강렬한 대비를. 이때쯤이면 배롱나무 꽃과 자귀 꽃도 연못에 어울려 화사함을 더한다. 흰 구름이 떠다니는 파란 하늘을 뚫고 오를 듯한 연봉오리들. 연심불수오蓮心不水汚, 고고하기 그지없는 한 송이의 연이 막 피어나면서 하늘을 향한다. 활짝 피어난 두 송이의 연꽃은 서로 기대어……. 다 피어버린 꽃잎. 아쉽지 않다. 연실은 꽃과 동시에 시작하여 끝없는 생명을 이을 것이다. 물이 하늘이고 하늘이 물이다. 하얀 수련이나 연잎처럼 물 위에서 저리 떠서 살 수 있으면 좋겠다.

이날 오전에 날씨가 세 번이나 바뀌었다. 분위기가 사뭇 다른 연못의 극적인 정취를 느낄 수 있었다. 수련의 사진들이 '모네'의 수련 연작을 생각나게 한다. 화가 모네(1840-1926)의 전시회를 관람했던 기억이 되살아난다. 지금의 화가들은 사진을 찍어 와서 집에서 쉽게 그림을 그린다. 그 당시의 화가, 특히 인상파 화가들은 화실에 틀어박혀 있을 수 없었다. '인상파'라는 화조를 탄생시킨 '모네' 의 〈인상–해돋이〉는 오늘날 대단한 명성을 지닌다. 어느 항구에 몇 척의 선박이 있고 아침 해가 떠오르는 장면을 그린 것이다. 그야말로 사물의 실체보다 해돋이의 인상 그 자체다. 가까이서 보면 물감을 비스듬히 그어놓은 것 같은데 멀리서 보면 수면에 일렁이며 반짝이는 햇살이 절묘했다. 주홍빛 빗금 자체가 물 위의 노을로 표현되었다. 모네를 빛의 화가라고 불리는 까닭이다. 사진을 찍으면서 또는 수필을 쓰면서 모네가 왜 연작에 몰두하였는지 어렴풋 짐작한다. 화가 '모네'에게는 모든 것은 일시적이고 다시 돌아오지 않는 순간이지 물질적인 사물 그 자체가 아니었다. 물병아리 한 마리가 물방울처럼 미끄러지듯 빛이 흐르듯 지나다가 렌즈에 잡힌다.

30여 년 동안 수련의 연작에 몰입하였던 모네 옆에서 기념사진을 찍었다. 모네는 세느 강변 근처의 물가에서 혹은 네덜란드나 테임즈 강변 그리고 지중해와 베니스까지 이젤을 들고 순간의 빛을 잡으려고 노력했다. 40세까지 지독한 가난과 투쟁하면서도 결코 좌절하지 않았다. 40세 이후 그의 그림이 팔리기 시작하자 그는 파리 근교의 지베르니 정원을 사들이고 정원사도 둘 수가 있었다. 그의 지베르니의 정원은 그림 같았고 그의 그림은 정원 같았다. 후에 여행하기도 힘들어졌으나 지베르니는 우주가 통 채로 담겨 있었으므로 하루 종일 아름다운 꽃들에 둘러싸여 물가에서 '수련' 연작, 200여 점을 탄생시켰다. 한순간은 지나가며 그때의 빛도 달라진다. 순간의 빛에 비치는 사물의 인상을 그는 계속 그렸다.

한 사진사가 비가 주룩주룩 내리는 연못 가운데의 기둥 위에서 무심히 앉아 있는 한 마리 백로의 모습을 지켜보고 있다. 움직이는 찰나를 잡으려고. 이 사진사의 심정과 모네의 심정은 같은 것이었을까.

모네는 "나는 자연의 법칙과 조화 속에서 그림을 그리고 생활하는 것 이외에 다른 운명은 갈망하지 않았다." 모네는 단순히 아름다움이나 좋은 그림만을 추구하지는 않았다. 언제나 그림 속에 빛의 움직임과 주변의 분위기를 나타내려고 했다. 모네의 그림을 좋아하는 까닭이다.

사람의 모습도 그렇거니와 삶 자체도 빛과 그늘이 교차하는 가운데 지나고 있다. 우리, 모든 생명은 빛과 빛이 지니는 에너지가 힘이 되어 존재한다. 생명의 본질은 빛과 에너지다.

모든 예술은 빛과 그림자의 조화가 아닐까. 빛이 존재 자체라면 존재자들은 모든 사물과 현상들이다. 빛은 언제나 존재하지만 빛이 내려앉는 사물은 빛에 의해서 그림자를 나타낸다. 그 그림자가 있어 빛을 받은 부분이 빛나며 빛나는 부문은 그림자 없이는 빛날 수가 없다. 빛이 닿는 부분은 시시각각으로 달라진다. 언젠가는 형체도 시간 속에 녹아 사라질 것이다.

그림에 대해서 잘 몰라도 일생의 전력이 녹아있는 그의 60여 점의 그림을 감상하는 동안 '인상파'가 무엇이며 추상화가 어떻게 탄생하였는지를 알 수 있게 된다. '수련'이나 다른 풍경화들에는 색채 속에 사물의 형체가 녹아나 있는 것을 볼 수가 있는데 그것들은 노년기에 들어서 나타난 백내장의 영향이었다고도 한다.

실제로도 그는 빛이 흐리게 보여서 사물의 인상만을 그리기도 하고 시력을 극복하여 새로운 화법을 나타내기도 한 것 같았다. 빛과 시간을 그려내야 하는 그에게는 치명적인 현상이었으나 위기를 극복해 내면서 새로운 변화를 시도하고 새로운 작품을 계속 탄생시켰다. 그리하여 그는 현대추상화의 문을 열게 된 19세기 화가라고 불린다.

그의 그림 소재는 하늘과 물로 이루어진 풍경이 대부분이다. 하늘과 물은 언제나 흐르고 있는 것이 아닌가. 흐름을 본질로 하고 있는 시간의 개념과 가장 부합되는 모티브였다. 물 위의 사물이 물 밑에 똑 같이 반사되어 비춰지는 것은 또 다른 아름다움이며 빛의 변화를 잘 관찰할 수 있는 좋은 소재이기도 했다. 나도 그런 현상이 나타나는 물가에서 꽃과 잎의 주변 분위기를 한동안 주시하며 느껴 본다.

아! 빛과 시간을 어떻게 잡을 수 있는가. 그것은 무상이었다. 그 형체 없는 허무 자체를 어떻게 그려낼 것인가 그는 과연 물에서 그 해답을 얻었다고 할 수 있을까. 시간의 순간성을 포착하려고 평생을 바쳤던 그의 그림 그리는 일은 결국 인간의 삶이 지닌 유한성을 받아들이는 노력이 아니었을까. 그러나 돌아오지 않는 순간의 반짝임이 그의 그림 속에 영원으로 빛나면서 세계인의 가슴을 그의 빛 속으로 녹아들게 한다. 그것은 영원의 빛이었다.

비가 그치기를 기다리는 동안 연못의 적요에 무심한 백로 한 마리는 미동도 하지 않고 나는 자리를 떠야 한다. 오전 중 세 번이나 요동치던 구름의 이동이 갑자기 '모네'가 그리워지게 하여 내 사진의 수련과 그의 수련을 대비하여 본다. 노년기에 피할 수 없는 백내장이 생기기 전에 나도 모네처럼 나의 '차 이야기'를 연작으로 써야겠다. 언젠가 먼 훗날 그 이야기 속에 남아 있을 희미한 빛이라도 그리워 해줄 사람을 그리워하면서.

익어간다는 것

온 집안이 차향으로 가득하다. 때마침 재스민 꽃이 피고 있을 때, 꽃 향이 얼굴을 어루만지듯 스치며, 풋풋한 차향을 피워낸다. 오늘 한나절 따온 찻잎을 마루에 한가득 깔아놓았다. 싱그러운 생잎을 재스민 꽃바람으로 우려 마시는 기분이다. 고요히 차향에 마음을 담그면 다신茶神에 대한 은혜가 새록새록 피어난다.

"차유진향茶有眞香, 유난향有蘭香, 유청향有淸香, 유순향有純香", 이렇게 차에는 네 가지 향이 있다고 했다. 겉과 속이 한결같으면 순향, 설익거나 과숙過熟하지 않으면 청향, 불기가 고루 머물면 난향, 곡우 전 신기를 갖추면 진향이라 한다. 해마다 서툴게 차를 빚으면서 느끼는 것은, 차와 하나 되기가 쉽지 않다는 것이다. 찻잎은 뜨거운 가마솥에서 온전히 자신을 녹여 다른 몸으로 거듭나는가 하면, 자신의 본래 모습을 일그러뜨리며 발효 과정을 거칠 때 신비한 풍미를 지닌 몸으로 다시 태어난다.

사람은 아이일 적에는 성의 구분 없다가 성장하면서 남아는 남자다워지고, 여아는 여성스러워지는 것 같다. 잘 우려진 녹차를 마실 때 첫 잔의 맛을 아리땁고 여리고 부드러운 열세 살이요, 둘째 잔은 벽옥 같은 십 오륙 세요, 셋째 잔은 익은 맛이라고 옛 다인들은 말했다. 익은 맛이란 서른 살 이후 여인의 맛일까. 그 뒤의 잔은 늙은 맛이고 목마름을 달래기도 하고 다른 용도로 쓴다.

오늘 부려놓은 찻잎은 아직 차의 역할에 미치지는 못하지만, 가능성이 충분한 아이들이다. 하룻밤 시들면 발효하기 시작한다. 발효차는 발효가 진행되는 농도에 따라 다양한 풍미를 지닌다. 기호에 알맞은 향이 풍겨 나올 때쯤 발효를 멈추면 된다. 전문 시설이 있다면 더욱 좋은 차를 만들 수도 있겠지만, 형편대로 소박하게 할 뿐이다. 차가 발효하는 동안 찻잎은 형태가 여러 차례 변하면서도, 고유한 자신의 향은 간직한 채, 때마다 다른 묘미로 승화되어 간다. 여리게만 뵈던 찻잎이, 자신의 형체를 변화시켜 그토록 그윽한 향을 낼 수 있음이 신비스럽다.

젊었을 때는 스승에게 차를 배우고 같이 차茶 일을 하였다. 다른 생각을 할 여유도 없이 그 일에 파묻혀 지내던 시절이 있었다. 내 인생에 영향을 주었던 사람이 몇 분 있는데, 스승이자 도반이었던 차茶 스님도 그 중 한 분이었다. 차를 배우면서부터 한 단계 더 높은 삶을 살고자 했던가. 차의 길이 본래면목을 찾기 위한 수행의 도구였다고나 할까. 중년에 들어서자 다도의 길을 주위의 벗들에게 전하면서, 아이들에게 필요한 낙원의 환경을 만들자는 모임에서 활동하기도 했다. 네 가지 향이 고루 벤 녹차는 완성해보지도 못한 채, 이제는 발효된 차 맛이 내 마음과 몸에 달갑게 어울리는 것 같다.

저 풋풋한 생잎을 보니 내게도 저렇듯 싱그러운 시절이 있었던가 싶다. 생기발랄했을 유년시절 전쟁의 소용돌이를 겪었다. 혼란스러운 현대사를 관통하면서 안개 자욱한 길도 걸었고, 희미한 한 줄기 빛에 희망을 걸고 어두운 터널도 지나왔다. 힘겨운 세월을 건너고 삭히는 동안, 나에게는 어떤 결이 쌓였을까. 분명히 내게도 꽃다운 시절이 있었겠지만, 과연 제 맛을 풍기며 살아왔는지 모르겠다. 뒤돌아보니, 십삼 세까지는 아이였다가 중학교에 들어가면서부터 여성으로 성장한 것 같다. 대학 시절은 청춘을 꽃피운 시기였는데, 청년 시기에 익히고 배워야 할 덕목을 다하지 못하였기에 늙도록 철없는 배움을 멈추지 못하는 것 같다. 결혼하여 아이를 낳고 기르면서는 온전히 어머니로 살았다. 어느 정도 아이가 큰 뒤부터 세상에 눈뜨기 시작했다. 부모로서 살아야 하는 일은 사회적 일원의 책임도 따른다는 인식이 새롭게 다가왔다. 여자도 이제는 남자와 함께 인간으로 성숙하는 단계로 나아가야 한다. 여성스러운 인간 말이다. 이렇게 내 삶의 단계는 배우고 익으며 변모를 거듭해오지 않았나 싶다. 청년기는 여자아이로, 성숙의 시기는 어머니의 삶으로, 그리고 인간의 삶으로…….

사람의 얼굴과 표정이 다양하듯, 속에 지닌 인격과 정서도 각양으로 나타난다. 차를 덖을 때 한 잎이라도 타면 온 솥을 못 쓰게 된다. 모처럼 좋은 녹차도 간수를 잘못하면 해가 되기도 한다. 차의 발효 과정을 두고 보더라도, 잘못 발효된 차는 원하지 않은 냄새로 비위에 거슬린다. 과정이 중요한 만큼 차는 내버려 두지만 않으면 배반하지는 않는 것 같다. 가끔 내 인생의 발효는 어느 정도일까? 스스로 물어본다. 뒤 익기가 잘 된 좋은 보이차를 만나면 마실 때는 별 향미가 느껴지지 않지만, 마신 뒤 은근한 향이 입안에 머문다. 인생도 그렇게 깊이 발효된다면, 무미無味하나 여운이 오래 남는 향긋한 맛을 낼 수 있을까.

생각해 보니, 차를 경영하는 일이 인생을 경영하는 일이었다. 차 만드는 일은 정성스럽게, 갈무리할 때는 건조하게, 끓일 때에는 청결하게 해야 한다. 정성을 다하고, 잘 말려 습하지 않게, 청결하게 하면 다도茶道에 이르게 된다. 삶의 경영이 녹록하지 않더라도 담담히 나아가는 것이, 인생을 살아내는 맛이 아닐까. 이제야 겨우 다도에 입문하는 것 같은데, 가야 할 길이 먼 것 같다. 비록 내 나이 넉 잔째 우려낸 뒤의 노老한 녹차 맛이지만, 정신은 끊임없이 발효하여 성숙의 경지에 이르기를 소망한다.

사이후이死而後已, 있는 힘을 다하여 여생에 힘쓸 일이다. 찻잎이 익어가는 달금한 향이 집안에 가득하니, 이런 절후 같으면 더 바랄 게 없다. 이제 조용히 차의 성품대로 차 생활을 즐기는 일만 남지 않았는가. 목마르면 차 한 잔, 졸리면 잠 한숨, 그것으로 모자람이 없으련만…….

마음의 장치

애타게 기다릴 필요는 없었다. 봄이 오면 걸을 수 있겠구나!

목발을 짚고 춘설을 맞은 매화꽃을 가슴 시리게 바라보았던 때가 어젠가 그젠가! 벌써 가지마다 알알이 여물어 가는 열매들이 한가로운 봄날을 즐기고 있다.

한순간의 실수로 발을 다친 겨울 어느 날, 가뜩이나 장애가 있는 다리인데 낭패스러웠지만 담담하게 받아들였다. 발목도 잘 돌아가서 일주일만 안정하면 괜찮겠다고 생각되었다. 그런데 일어서려고 하니 발에 힘을 줄 수가 없었다. 안간힘을 다하여 3층까지 기어 올라갔다. 다음 날 일단 진찰을 받기 위해 병원에 갔다가 그날로 반깁스를 하고 왔다. 발목의 복사뼈와 뒤꿈치의 뼈에 금이 갔다는 것이다. 외부 상처가 없으니 갑갑하면 깁스를 풀고 씻었다. 물론 발을 디디거나 잘못 움직이면 몹시 아팠다. 다음에 진찰을 받으니 통 깁스를 해야 한다고 했다. 처음에 10주 정도 걸리겠다고 했는데, 8주까지는 절대 깁스를 풀면 안 된다. 그렇게 풀지 못하도록 장치를 하니까 조심조심 발을 디뎌도 별로 아프지 않았다. 절대 안정 기간은 세월이 약이기에, 아픈 발에 매달려 있을 수 없었다. 조용히 있고 싶었던 생활을 오히려 만끽할 수도 있었다. 잔손질이 필요한 아이들도 없으니. 마음 놓고 아플 수도 있었다.

깁스는 보호받을 수 있는 방편이었다. 최소한의 활동 외에는 누워서 그동안 못 본 책도 읽었고 그간 어설픈 글공부 한답시고 바빴던 마음도 정리했다. 심한 동작 아닌 요가도 할 수 있었고, 앉아서 명상에 젖을 수도 있었다. 어쨌든 추워면 추워로, 비가 오면 비로 잘도 지냈고, 눈보라가 흩날리면 맞으면 될 일이었다.

어느 쪽을 잃으면 다른 쪽이 발달하기 마련이어서 언제나 균형을 이루게 되는 것이 인체의 신비가 아닌가. 발을 다친 대신 다른 쪽의 활동이 왕성해졌다. '차라리 잘 되었어. 아픈 것이 마음까지 파고든 것은 아니니까!' '이건 내가 원했던 일이잖아?' 스스로 위안했다. 살아오면서 언제나 중요하게 다가오는 것은 마음의 평화에 대한 문제였다. 우리는 곧잘 삶의 고통에 대해 외적 원인을 탓하지만, 그것은 전적으로 우리의 마음에 달려 있다는 사실을 어느 순간부터 깨닫게 되었다. 어떤 힘든 일이 생긴다 해도 일단 그대로 받아들이고 대처하면 된다. 우연과 필연은 손바닥의 앞뒷면 같은지도 모르지만, 모든 행위의 시작은 마음에서 비롯되는 것 같다. 이럴 땐 하느님 뜻으로 받아들이는 것이 얼마나 편리한가. 결국, 하느님의 뜻은 깊은 내 속마음의 뜻, 행동의 근원이었던 게 아닐까 싶었다. 사실 아픈 것도 내가 만들고 낫게 하는 일도 내가 하는 일이잖은가. 나의 인因에 연緣이 닿았던 것이리라.

생각하면 인생의 한 장막마다, 누구나 그러하듯 흐르는 물이 많은 바위를 만나 여울지는 것처럼 여러 고비를 넘기게 된다. 산다는 것은 여름 바다에서 파도타기를 하는 것 같은 아찔한 전율이 있기도 했다. 그러한 세월의 격랑은 생의 씨줄과 날줄이 되어 한 장의 천이 만들어지고 있었다. 어디까지 인생의 천이 짜여 갈지는 알 수 없다. 우리 인생은 영원히 미완성인 채로 언제나 현재 진행형이어서 어느 지점에서 갈무리해야 할지 알 수 없는 일이다. 앞으로 나와 내 주변에서 일어나는 크고 작은 일들이 내 삶에 어떤 무늬를 만들어갈지 의문스럽지만, 그럼에도 인생의 카펫이 잘 마무리되어 그 위를 누군가가 걸을 수 있으면 얼마나 다행일까.

철새 탐조대에 올랐다. 깁스를 한 채 목발을 짚고 서서 백조들이 우아한 몸짓으로 긴 목을 빼고 날갯짓하는 모습을 바라보았다. 엑스레이에 찍힌 다리 사진은 꼭 두루미 다리같이 미끈하기만 했는데 걸을 수도 없었다. 새들은 그런 가는 다리로 헤엄도 치고 날개가 있어 날아다니기도 하는데……. 살얼음 진 호수 위에서 춤추는 백조가 부러웠다. 백조의 몸짓이 저토록 아름답게 보이는 것은 물속에서의 끊임없는 물갈퀴 동작 때문이지 않은가. 마음에는 시공간이 없지만, 몸은 이 땅의 것. 삶은 비상을 허락지 않으니 아직 이 세상에 발목이 잡혀 있어야 하나니. 아프다는 것은 살아 있다는 생생한 반증이니, 아픔의 행복이다. 사람은 새처럼 날 수는 없지만, 영혼의 날개가 있으니 마음이 닿는 곳이라면 그 어디로든 비상할 수 있지 않을까. 마음에 물갈퀴를 매어 두어야 하리라.

깁스라는 장치는 마음을 시험하는 일이었다. 몸과 마음이 하나로 가는 것이 얼마나 중요한 일인가. 마음 가는 대로 몸이 가며 몸이 가면 마음도 간다. 꺼내볼 수 없는 그런 마음을 담을 수 있는 몸이 그렇게 중요한 것이다. 마음은 무한대이나 몸은 유한하니 마음의 장치를 잘 활용해야 한다. 마음을 닦는 사람들에게는 방편이 필요하다. 심우도尋牛圖에서도 날뛰는 소를 길들이기 위하여 고삐를 말뚝에 매어두지 않던가. 마침내 깁스를 푸는 날 의사는 내게 다짐했다. 발목이 굳어질 우려가 있으니 좀 일찍 깁스를 풀자고. 드디어 날뛰려는 마음을 묶어두었던 방편을 풀고 마음의 물갈퀴를 시험해야 할 때가 되었다.

살아오는 동안 힘든 고비를 넘길 때마다 마음의 장치가 더 튼튼해졌는지도 모른다. 힘든 상황을 만나면 그 일과 내 마음을 분리해야 한다. 힘든 일은 힘들 뿐, 아픈 것은 아플 뿐, 아프다는 상황과 괴롭다는 것은 별개다. 다만, 불편할 뿐. 아픈데 욕심대로 움직이려 할 때 문제가 생긴다. 다가오는 여름, 열정에 맞는 마음의 장치를 써야 하리라.

글을 쓴다는 것도 그런 것이었다. 어떤 장르이든 그 장르에 필요한 장르적인 장치가 숨겨져 있다. 좀 더 일찍 문학을 이해하고 문학적 장치와 문장 수련을 해왔다면 지금 마음의 장치를 쓰듯, 물이 흐르는 듯 잘 짜인 글을 쓸 수 있었을지도 모를 텐데…….

100세 시대의 수필문학, 무엇을 쓸 것인가
– 마음의 장치 (수필과비평 145호에 〈이 달의 다시 읽는 수필〉)

송 명 희
(부경대 교수)

1. 들어가는 말

《수필과비평》을 읽으면서 늘 느끼는 것이지만 수필은 결코 젊은이들의 문학이 아니다. 필진의 나이를 일일이 알 수는 없지만 글의 소재나 내용들이 생로병사生老病死의 인생살이, 특히 노老와 병病, 그리고 사死의 문제에 집중되어 있다는 인상을 크게 받게 된다.

생로병사는 불교에서 말하는, 인간이 평생 거치게 되는 네 가지 큰 고통苦痛, 즉 태어나고, 늙고, 병들고, 죽고 하는 일을 이른다. 인간은 누구라도 이 네 가지 괴로움을 피해 갈 수 없다. 어찌 인간뿐이겠는가? 이 세상에 무릇 생명을 갖고 태어난 모든 존재는 늙음에서 오는 괴로움, 병에서 오는 괴로움, 죽음에 따른 괴로움으로부터 결코 자유로울 수가 없다.

따라서 현대의 의학 기술은 인간이 안전하고 건강하게 태어나고 성장하게 하는 것, 늙음과 죽음을 지연시키는 것, 병으로부터 자유를 얻는 것을 목표로 한다. 경제성장과 의학기술의 눈부신 발전의 결과로 우리는 그토록 열망하던 100세 시대의 문을 연 것처럼 보인다.

하지만 100세 시대의 수명 연장은 수많은 노인문제를 양산시키고 있다. 최근 박근혜 대통령이 지난해 후보자 시절에 모든 노인에게 월 20만 원씩 기초연금을 지급하겠다고 한 공약을 수정함으로써 크게 물의를 빚고 있는 데서도 알 수 있듯이 노인은 이제 사회적 부담이요, 짐으로 전락하고 있다. 장수가 축복이 아니라 재앙이 되어버린 시대로 치닫고 있다는 것을 '인구혁명의 시한폭탄', '인구지진', '고령화 충격'과 같은 표현에서 잘 확인할 수 있지 않은가?

고령화 시대를 넘어 2018년으로 예상되는 고령사회로 질주하고 있는 현 상황에 대한 사회제도적 대책이 시급히 필요하지만 개인들도 노년에 관한 준비를 하지 않을 수 없다. 그것은 노후자금의 준비나 취미활동을 갖는 것만으로는 충분하지 않다. 노년의 새로운 정체성의 확립과 역할의 모색, 노화와 죽음에 대한 긍정적 가치관의 형성과 같은 인문학적 성찰이 토대가 된 마음의 준비 또한 절실히 필요하다. 노년의 인생을 살아가는 데는 경제적인 준비나 실용적인 지식과 함께 삶 속에서 깊이 숙성된 인문학적 소양이 크게 요청된다.

인간 존재와 삶에 대해 끊임없이 질문을 던져온 문학은 100세 시대를 맞아 해야 할 역할이 매우 크다 할 수 있다. 글의 소재의 하나로서 생로병사의 문제를 다루는 데서 나아가 노년의 존재와 삶에 대해 근원적 질문을 던지고, 그 답을 찾는 글쓰기가 이루어져야 한다.

2. 기다릴 줄 아는 여유로운 마음 – 조윤수의 〈마음의 장치〉

"애타게 기다릴 필요는 없었다. 봄이 오면 걸을 수 있겠구나!"로 시작되는 조윤수의 〈마음의 장치〉는 한순간의 실수로 발목에 10주 동안 깁스를 해야 하는 불편함을 견디면서 이룬 사색을 담고 있다. 이 글에서 작가는 발을 제대로 움직일 수 없는 불편함을 승화시켜 "절대 안정 기간은 세월이 약이기에, 아픈 발에 매달려 있을 수 없었다. 조용히 있고 싶었던 생활을 오히려 만끽할 수도 있었다. 잔손질이 필요한 아이들도 없으니, 마음 놓고 아플 수도 있었다."라고 불편한 생활을 오히려 즐기는 것으로 변화시키는 놀라운 적응력을 보이고 있다. 즉, "최소한의 활동 외에는 누워서 그동안 못 본 책도 읽었고, 그간 어설픈 글공부 한답시고 바빴던 마음도 정리했다. 심한 동작도 아닌 요가도 할 수 있었고, 앉아서 명상에 젖을 수도 있었다."처럼 작가는 느긋하게 독서, 마음의 정리, 요가, 명상 등을 하면서 신체적으로 불편한 일상을 오히려 정신적으로 즐겁고 풍요로운 일상으로 변화시키고 있다.

또한 "어느 쪽을 잃으면 다른 쪽이 발달하기 마련이어서 언제나 균형을 이루게 되는 것이 인체의 신비가 아닌가. 발을 다친 대신 다른 쪽의 활동이 왕성해졌다."에서 알 수 있듯이 깁스를 한 10주 동안에 신체활동이 축소되는 대신 왕성해진 정신활동을 통해 귀중한 삶의 지혜를 터득한다.

> 살아오면서 언제나 중요하게 다가오는 것은 마음의 평화에 대한 문제였다. 우리는 곧잘 삶의 고통에 대해 외적 원인을 탓하지만, 그것은 전적으로 우리의 마음에 달려 있다는 사실을 어느 순간부터 깨닫게 되었다. 어떤 힘든 일이 생긴다 해도 일단 그대로 받아들이고 대처하면 된다. 우연과 필연은 손바닥의 앞뒷면 같은지도 모르지만, 모든 행위의 시작은 마음에서 비롯되는 것 같다. 이럴 땐 하느님 뜻으로 받아들이는 것이 얼마나 편리한가. 결국, 하느님의 뜻은 깊은 내 속마음의 뜻, 행동의 근원이었던 게 아닐까 싶었다. 사실 아픈 것도 내가 만들고 낫게 하는 일도 내가 하는 일이잖은가. 나의 인因에 연緣이 닿았던 것이리라.
>
> 조윤수의 〈마음의 장치〉에서

애타게 기다린다고 봄이 더 빨리 오는 것도 아니고, 깁스한 발목이 더 빨리 낫는 것이 아니니 마음을 편히 먹고 느긋하게 기다림으로써 얻은 마음의 평화, 힘들고 아픈 것을 괴로움과 분리시킴으로써 얻은 정신적 자유는 현실을 있는 그대로 받아들이는 긍정과 수용의 자세로부터 나왔다고 생각한다. 왜 하필 나에게만 이런 불행한 일이 생겼을까 하고 분노하고 불평을 한다고 해서 달라질 것이 전혀 없다는 것을 깨닫는 데서 긍정과 수용의 자세는 나온다. 그리고 현실을 긍정하고 수용하는 데서 마음의 평화와 자유는 얻게 된다.

나이를 먹는다는 것은 수많은 질병과의 조우이다. 물론 질병은 병원의 도움을 받아 고쳐야 하겠지만 질병을 받아들이는 우리의 자세가 어떠해야 하는지는 조윤수의 수필이 잘 말해주었다고 행각한다. "애타게 기다릴 필요는 없었다. 봄이 오면 걸을 수 있겠구나!"와 같은 마음의 여유를 가지는, 신체적 불편함을 마음의 여유를 찾는 명상의 계기로 변화시키는 내적 지혜가 필요한 것이다. 노년에는 바로 그러한 마음의 여유와 지혜가 무엇보다도 절실하다. 비단 질병에 대해서만이 아니라 늙음과 죽음에 대해서도 마찬가지일 것이다.

나가는 말

프랑스의 실존주의 철학자이자 문학가인 시몬 드 보부아르(1908-1986)는 그 자신이 노년에 되었을 때, 《노년》이란 책을 써서 자신의 노년을 준비했을 뿐만 아니라 노년에 대한 외적 내적 성찰을 도모했다. 1970년 파리에서 발간된 이 책에서 그녀는 노인에 대한 사회의 무관심을 통렬하게 비판하였다. 노년에 대한 외적 성찰은 노년과 노쇠 현상에 대한 생물학적 관점에서의 정의, 인류학적 자료와 역사를 통해 본 여러 시대와 사회에 있어서의 노인들의 지위와 역할의 변화 등을 살펴본 것이다. 내적인 성찰은 여러 노인들의 기록을 토대로 개인이 노년을 어떻게 느끼고 받아들이는가, 노인이 된다는 것은 어떤 내적 체험인가를 시간적 차원, 활동적 차원, 역사적 차원에서 생생하게 느끼게 해주고, 우리가 노인이 되면 일상생활이 어떻게 달라지는가, 어떤 심리적 특성들이 나타나는가를 살펴본 것이다.

중장년을 넘어서 노년의 필자들이 다수 모여 있는 수필가 집단에서 고령사회를 향해 가는 21세기 한국의 노년을 좀 더 다각적이고 깊이 있게 성찰함으로써, 특히 문학의 특성상 내적 체험을 깊이 있게 표현함으로써 시몬 드 보부아르의《노년》과 같은 책이 나올 수 있기를 기대해 본다. – 100세 시대의 수필문학, 무엇을 쓸 것인가.《수필과 비평》

2013. 11. 통권 145 〈작품론〉 중에서

제4부
혼놀, 혼자 즐기다

혼놀,
–혼자 즐기다

가끔은 외출하지 않고 혼자 집에 머무는 날이 필요하다. 때마침 오늘은 내가 주문한 중국의 차 꾸러미가 도착한 날이다. 차연구소가 추천한 2012년산 '녹보이차' 한 편과 방해각 50g이다. 중국차를 선호하지는 않지만, 내가 직접 찻잎을 따서 만든 것과 다른 지역의 차도 그 성질의 차이를 알고 싶어 주문할 때가 있다.

차 꾸러미를 풀었다. 세 가지 차를 맛보기 위하여 따로따로 다관을 준비한다. 오늘 받은 방해각이란 것은 처음 대한다. 방해각이란 중국에서 야생하는 고차수古茶樹에 기생하는 이끼 같은 수초이다. 우리나라 겨우살이와 비슷한데 일명 '개다리'라고도 한단다. 차를 우릴 때 조금 섞어도 좋으며, 따로 우려도 좋단다. 열을 내리고 피를 맑게 하는 효능이 있다고 한다.

아침 식사를 한 다음이라서 차를 마시기 좋은 때다. 첫 잔과 두 번, 세 번까지 우려서 마셨다. 우리 차는 처음부터 풍미가 있지만, 이번 '이무차'는 풍미는 덜하지만 부드럽고 은근한 맛이 있다. 깊게 후숙後熟한 탓이리라. 몇 잔 거듭 음미하였다. 그런데 뒤의 단맛이 오래 입안에서 우러나오는 듯해서 기분이 좋았다.

법정 스님의 '수류화개실水流花開室'이 생각나는 때가 이럴 때이다. 깊은 산사의 작은 방에서 차를 마시면서 다기를 매만질 때 참으로 충만하고 넉넉한 속 뜰이 열린다고 했다. 불임암의 수류화개실이 떠오르면서 비록 산사도 아니고 아파트의 너저분한 방이지만, 이런 기분을 가질 수 있음에 넉넉한 감사의 정이 우러나온다. 드넓은 대륙의 차밭 풍경과 함께 한 수많은 사람의 정성이 담긴 천년고차수의 암향을 향유하는 맛이다. 진정으로 혼자여서 느낄 수 있는 맛이 아닐까.

요즘 새 트렌드로 떠오르는 신조어가 혼족이 아닌가. 혼자서 하는 모든 행위, 혼밥, 혼놀, 혼여 등이 혼족의 문화를 만들고 있다. 최근 몇 년 사이에 도시의 젊은 층의 혼족들이 늘어남으로써 우리나라 혼족 가구가 십 년 사이에 몇 배로 늘었단다. 사회 경제적 새로운 트렌드로써 유행어처럼 번지는 것 같다. 이는 실업과 어려운 경제 사정 등의 탓으로 결혼을 하지 않고 의도적으로 사람들과 어울리는 것을 꺼리는 성향도 일인 소비 붐을 뒷받침하고 있는 것이리라. 그리하여 혼족을 위한 식품과 식당뿐 아니라 생활용품까지 등장하며, '솔로 이코노미', '싱글슈머' 라는 신조어도 생겨났단다.

몇 년 전까지만 해도 1인 가구는 시골에 남은 혼자 사는 노인 가족과 도시의 홀로 된 노인 등을 일러 칭하던 말이었다. 대부분 거쳐야 할 일생의 한 부분이었다. 근래에는 복잡한 현실에서 경제적 파탄으로 가족이 뿔뿔이 흩어져 혼밥이 되는 경우도 있으며, 공부를 위하여 열악한 환경에서 혼밥이 되는 경우도 많다. 어쨌든 혼자 삶을 꾸려가야 한다는 점에서 혼족은 재래의 가족 관계가 붕괴하는 현상을 이중적으로 대변하는 것 같다.

혼족이라지만, 사회 안에서 진정한 혼자가 있을까. 지금 젊은 혼족들이 스스로 당당하고 최고의 자기 선택에서 오는 만족감을 누릴 수 있을까. 혼자로서도 채워지지 않는 그 어떤 내용은 어떤 방식으로 풀어나갈 것인가. 예전에는 연습하지 않고 결혼부터 했기 때문에 많은 고통과 희생이 따랐다. 학업을 마친 뒤 다음 목표를 위한 진정한 준비가 필요했다. 단지 어떤 시험에 합격하기 위한 것이 아닌, 직장과 결혼 생활을 위한 인문적인 준비도 필요하다.

이제 새로운 젊은 혼족들이 나아가야 할 길이 다양하게 열리는 것 같은데, 무엇을 위한 혼족이어야 할까. 함께할 수 있는 기술과 지혜도 길러야 한다. 남자는 남자로서 여자는 여자의 기능을 살려서 서로 보완하여 하나의 정신으로 성숙해 나아가는 연습. 그 누구와 무엇과도 서로 잘 교감하는 힘은 혼놀 기간을 어떻게 활용하는가에 달려 있을 것이다. 함께 있되 어디까지나 자신의 길은 자기를 지키고 의지하여 자신만이 갈 수 있다. 그렇게 나아가면 앞으로의 공동체 사회는 더욱 풍요롭고 안전한 사회가 되지 않을까

인도에는 '인생 4단계 설'이 있다고 한다. 25세까지는 학습기요, 50대부터는 의무가 있는 가주기家住期도 지났으니 과객 생활로 접어든다. 그 뒤, 75세까지는 임서기林棲期여서 집을 떠나 숲에서 머무르며 자신의 영혼을 정화하고 구원하는 시기다. 끝내는 유랑기流浪期를 잘 보내다가 삶을 마감한다니…. 나야말로 가주기의 임무를 무난히 완료한 셈이다. 하늘에서 수행을 이어가는 그의 덕분에 나는 이 땅에서 아직 임서기를 통과하는 중, 잘 하고 있는 것일까.

오후 늦은 시간에 산책하러 나간다. 넉넉한 마음으로 밖을 나가니 반기는 것이 많다. 철길을 건너는 계단을 넘어가면 한 할머니가 으레 혼자 재배한 텃밭의 신선한 채소를 한 움큼 쥐여준다. 숲속 길로 들어서니 벌써 산딸나무 흰 꽃받침은 시들어 떨어지고 동그란 꽃송이만 솟아 있다. 가을이면 빨간 딸기로 익을 것이다. 작은 숲속에서 천지의 은혜를 누린다. 어찌 혼자라서 혼자이겠는가. 자연에 둘러싸여서 다양한 생명의 연줄과 숨을 나누며 삶이 영위되는 것이리라. 우리는 혼자로서는 결코 생명을 유지할 수가 없다. 결핍을 지닌 개체이므로. 띠로따로 있되 나를 지킬 수 있는 정신과 마음을 얻기 위하여 인간관계를 비롯하여 온갖 생명의 도움이 필요하다. 모든 생명이 서로 공존하는 자연 질서의 관계망 안에서 최고최선의 가치를 발견하여 실현해 가는 일이 인간 고유의 임무가 아닌가.

늙어갈수록 혼자 잘 놀아야 한다고 한다. 돌아오는 걸음에 함께하는 힘을 얻어오는 것 같다. 땀에 젖은 온몸을 시원하게 씻으니 다시없는 새 기분이다. 오전에 우린 찻주전자에 뜨거운 물을 붓고 잠시 하루의 세상을 엿보면서 기다린다. 홀로 마시는 차를 신령스럽다고 한 맛이 이런 맛일까. 차를 마시는 일은 간단하고 쉽지만, 아무렇게나 할 수 없으니 나를 지키는 좋은 지기가 아니랴. 삶의 고단함을 달래주기도 하니 묵묵히 혼자 즐긴다. 아직은.

가위

구운 김 넉 장을 부스러기 나지 않게 가위로 자른다. 옛날에는 이렇게 주방에서 가위를 쓰지 않았다. 언제부터인가 가위는 이처럼 주방에서 칼과 함께 필수가 된 지 오래다. 주방 가위도 최소한 두 종류는 있어야 한다. 음식물을 잘게 자를 때나 끝을 자를 때는 짧고 끝이 뾰족한 것이 편리하다. 포기김치를 자를 때는 큰 가위가 필요하다. 밥 먹다가도 가위는 등장한다. 고기 전을 먹기 좋게 작은 가위로 자른다. 음식점에 가도 메뉴에 따라서 가위와 집게가 식탁 위에 등장하기 마련이다.

음식 재료의 포장지를 뜯기는 어찌나 어렵고 힘든지 칼보다 가위가 편리하다. 손의 힘으로 감당하지 못하는 여러 가지 포장지를 자르는데 가위가 항상 옆에 있게 마련이다. 어썸 요리는 포장지를 자르는 일부터 시작되는 것 같다. 우리 집에도 가위가 종류마다 많다. 주방가위 두 개, 안방 경대 서랍 안에도 가위가 큰 거, 작은 거, 거실의 문방사우 중에도 여러 가위가 있다. 먹과 벼루 쓸 일은 별로 없어도 가위는 자주 사용한다. 아이들 방을 보면 공작가위도 여러 종류다. 물론 내 집에도 의료용 가위와 바느질가위가 있긴 하다. 가장 작은 것은 뜨개실을 자르는 금 가위다.

집 안에서 뭔가를 들고 주위를 둘러볼 때마다 여기저기서 가위들이 '저요, 저요' 하는 것 같다. 마치 조선시대 〈규중칠우쟁론기閨中七友爭論記〉 같다. 바느질에 필요한 일곱 가지 기구가 서로 제가 제일이라고 논쟁을 벌였듯이…. 현대의 아낙들은 바느질할 일이 별로 없다. 결국, 규중칠우 중에서 가장 소중한 존재가 된 것은 교두각시라 이른 가위인 셈이다. 예나 지금이나 집안 살림하는데 등장하는 기구 중에서 가위가 제일인가 싶다. 남편 없이는 살아도 가위 없이는 하루도 살지 못할 형편이 되었다.

새삼스럽게 가위가 이렇게 편리하고 고마운 존재로 진화된 세상이 되었는가 싶다. 진안에 들어선 세계 최초 가위박물관을 관람했다. 가위박물관이라니 좀 의아스러웠고, 생경했다. 우리의 예상을 뒤엎은 가위박물관은 흥미로웠을 뿐만 아니라 가위를 통해서 세계 역사를 돌아보게 하고도 남음이 있었다. 한 사람이 평생 동안 수집한 놀라운 가위의 역사였다. 진안에 가위박물관이 생긴 것은 마이산의 두 봉우리가 가위의 손구멍 같다고 한 데에 있다는 것도 자못 흥미로웠다.

더욱이나 진안 용담댐 수몰 지역에서 고려시대를 대표하는 가위가 출토되었다는 사실은 나에게 야릇한 신비로움을 더해 주었다. 요리뿐 아니라 재단이나 의료가위 등도 예술품으로 변천해 온 것을 알 수 있다.

마치 도자기를 통해서 세계 미술사를 꿰뚫어 볼 수 있듯이 가위도 그러한 미술의 사조에 맞춤한 것처럼 발전해왔다.

가위와 인물도 흥미롭다. 조지4세 가위, 한나 가위, 올가 가위 등 인물을 통한 이야기를 상상해 보기도 한다. 고대 왕들의 권위를 상징한 보검의 장식처럼 가위 양다리에 각종 문양을 아름답게 조각했다. 가위의 예술이었다. 화려한 조각의 빅토리아 가위, 프랑스에서 나타난 근대의 아르누보 가위, 예술적 사조까지 아우른다. 의료용 가위로는 의술의 역사까지 거슬러 알 수 있다. 부엉이 앞에 가위를 세우면 가위는 부엉이의 안경이 되고, 인형 앞에 세우면 귀여운 인형의 안경이 된다. 자르는 일보다 악서사리 역할을 하기도 하고, 다양한 전위예술로 표현되기도 한다.

월계수양복점 간판 가운데는 가위 문양이 있다. 양복점의 훌륭한 재단사가 되는 것이 꿈이란 여자 재단사는 남자 친구로부터 아주 잘 생긴 재단가위를 선물 받았다. 그녀에게는 반드시 있어야 할 아주 귀한 선물이었다. 안데스 고원 지방의 야산에는 비쿠냐라는 낙티과 사슴 같은 동물이 있다. 이 동물 털은 아주 보드라워서 그 지방 사람들의 좋은 수입원이란다. 털을 깎는 가위라고 하는데 내가 본 가위 중에 가장 큰 사이즈였다. 머리 구멍은 하나뿐이다. 가위 다리를 껴안고 털을 깎아야 한다. 그들에게는 없어서는 안 될 재단가위다. 나도 작은 가위 하나를 선물 받아 휴대용으로 가방에 넣고 다닌다. 바깥나들이 할 때 애용할 셈이다. 옛날 여인들의 은장도를 대신할 요량으로.

우리는 매일 자르며 산다. 자르는 일은 신중하게 해야 한다. 한번 실수하면 본래의 형을 찾을 수 없기 때문이다. 오늘도 나는 뜨개실을 자르면서 생각했다. 자르는 일을 많이 하면서 정말 잘라서는 안 될 그 무엇을 생각한다. 잘라서 다시 이으며 흠집 내지 않을 것. 꼭 잘라서 더 좋은 관계가 될 것이라면 아픔과 상처를 남기더라도 과감히 자를 일. 만나서 관계 맺고 헤어지며 사는 일이 가위로 자르듯이 되는 일은 아니다. 한번 맺은 인연은 뒤돌아서더라도 어딘가에서 서로 영향을 주고받게 마련이다. 아름다운 마무리가 되어야 한다. 인생이 결국 만나고 헤어지는 일이라도 가위로 끈 자르듯 토막 낼 일이 아니다. 재단부터 잘 해서 마무리까지 정성을 들여야 한다.

완성이 없는 인생이지만, 관계로 시작되는 인간 사회에는 아무리 자르려 해도 잘리지 않는 마음의 세계가 있다. 어떤 생명도 혼자서는 완성되지 않는 것이 생명력이지 않은가. 마치 가위의 사북처럼 두 다리가 움직일 수 있어야 제 기능을 발휘하는 것처럼 말이다.

미련 없이 잘라야 할 것이 있다면, 내 원고의 내용일 것이다. 문장이 제대로 되지 않은 것이나 군더더기를 잘 골라서 자를 일이다. 아니면 문장을 잘 고르는 성능 좋은 족집게를 개발할 수 있으면 좋으련만. 예술작품처럼 잘 생긴 기구가 아니래도 원고 내용만은 예술품으로 만들어줄 수 있는 도구라면 더더욱 좋으리라.

전주全州의 아침 선물

이제 전주 사람이 다 된 것 같다. 경상남도가 고향인 내가 전주에서 오래 살다 보니, 전주가 한韓 스타일에 맞는 도시란 것을 점차 알게 되었다. 비용을 많이 들이지 않고도 전통뿐 아니라 문화생활을 누릴 수 있는 곳이 또한 전주라는 도시인 것 같다. 어린 시절 부산이 생활 터전이었던 우리 자매들은 서울과 부산 중간 위치인 전주에 들러서 나와 동행하고 부산으로 간다든가, 혹은 전국 유람을 끝내고 전주로 와서 전주 음식을 먹으며 여행을 마무리한다. 전주뿐 아니라 전북 지방에 오면 어디든 마음 놓고 먹을 수 있는 음식이 있어 좋다고 한다. 물론 지금은 전국의 음식 맛이 보편화 되었지만, 전주의 음식은 각별한 맛이 더하는 것만은 사실이다. 노후에 살고 싶은 도시라면 단연 전주를 꼽아준다.

전주가 동쪽 산간지방을 끼고 있고 서쪽으로 바다를 두고 있으므로 온갖 산채 나물과 음식의 감칠맛을 내는 각종 젓갈류와 생선을 구하기 쉽기 때문이다. 그리하여 정작 전주 출신의 명창(소리꾼)은 없지만, 전라도에서 명창이 나오게 된 까닭이며, 생활의 여유가 있으므로 소리를 즐길 수 있는 귀명창이 많은 것도 사실인 것 같다. 그리하여 전주에서는 소리 축제를 비롯한 각종 전통 문화 행사가 많이 열리게 되었던 게 아닐까 생각한다.

역사에서 전주 사람에 대한 이야기를 언급한 글은 고려 시대 이규보의 남행월일기南行月日記에 볼 수 있다. 이규보는 1199년 첫 부임지인 전주에 전주목 사록겸서기로 보임되었다. 재임 기간 1년 4개월여 동안 전주목과 주변지역을 살펴본 경험을 바탕으로 한 기행 수필적인 성격의 글을 남겼다. '전주는 인물이 번창하고 가옥이 즐비하여 고국풍故國風이 있었다. 그러므로 그 백성들은 질박하지 않고 아전들은 모두 점잖은 사인士人과 같아, 행동거지의 신중함이 볼 만하였다.' 전주에 왔을 때부터 남편과 그의 가족들, 친지들과 이웃들에게서도 이 고장 사람들에 대한 '고국풍의 가옥에 점잖은 사인'과 같은 풍모를 느낄 수 있었다는 것이 되새겨진다. 이 또한 풍요한 음식문화의 영향이었을 것 같다.

한韓 바탕이 전주시가 표방하는 상징이다. 한국음악, 한식, 한복, 한지, 한옥, 한글 등의 한 스타일 문화의 중심에 음식문화가 있다. 전주를 대표하는 음식이 한정식, 전주비빔밥, 콩나물국밥과 오모가리탕이었던 것이다. 대표적인 전주 음식이라면 누구나 비빔밥을 들 것이다. 비빔밥이야말로 오색五色 오미五味가 결합하여 음양오행의 조화를 추구하는 영양 만점의 음식이라고 극찬한 식품영양학 교수도 있었다. 그러나 콩나물국밥이야말로 속을 시원하게 해주는 맛이 영양 면에서도 모자람이 없으며 가격도 저렴해서 언제나 즐길 수 있다. 전주를 방문하는 젊은 관광객에게도 부담 없는 음식이다.

콩나물이 전주의 대표 음식이 된 배경에는 전주의 풍토적인 이유가 있다는 데서 옛날부터 전주의 좋은 물로 콩나물을 기르게 되었다고 한다. 그리하여 전주에는 지역마다 국물 맛을 달리한 콩나물국밥 집들이 있다. 그러나 콩나물국밥의 기본 맛은 거기서 거기다. 하지만 관광객이 많은 요즈음은 지역마다 관광용으로 알려진 맛집이 있는 것 같다. 그래서 관광용 맛집과 지역민에게 잘 알려진 맛집을 달리하는 경우가 있다. 콩나물을 거꾸로 키워서 내는 콩나물 맛이 끝까지 아삭한 느낌을 주는 곳도 있다.

콩나물은 원래는 술꾼들의 해장국으로 애용되었다고 한다. 이 고장 출신의 국문학자이자 시인인 최승범 교수도 그분의 저서 《풍미산책風味散策》에서 '밤술을 시간 가는 줄 모르고 마신 다음 날 아침이면 아내가 생일상을 차려준대도 귀가 트이지 않는다. 쓰라린 속을 달래며 마구 콩나물국밥 집으로 내달아 가야 한다.'고 했을 정도다. 또한 '밥맛없어 싸운 날은/ 시외버스를 타고 전주에 와/ 콩나물국밥이나/ 콩나물비빔밥을 찾을 일이요, ……' 라고 나태주 시인도 〈전주에 와〉란 시의 첫 구를 이렇게 시작했다.

콩나물국밥이라면 전설처럼 들리는 일화도 널리 알려져 있다. 고사동 골목의 '삼백집'이 유명했단다. 일손이 딸려서 하루에 300그릇 이상은 팔지 않겠다고 결심하고서, 목표가 달성되면 무조건 문을 닫아버렸다. 입소문이 퍼지자 상호를 아예 '삼백집'이라고 바꾸고서 자그마한 글씨로 아래에 '욕쟁이 할머니 집'이라고 써놓았다. 할머니는 입담이 좋아서 거침없이 말하는 버릇 때문에 욕쟁이라고 와전된 듯했다. 콩나물국밥을 배달해 달라는 고 박정희 대통령 주문에 거침없는 입담으로 대꾸한 일화도 전주 사람이면 다 아는 전설이 된 듯하다. 전주 관광의 일 번지인 한옥마을 주변에도 콩나물국밥과 비빔밥을 먹을 수 있는 음식점이 들어 있다는 것, 또한 전주의 관광객들이 맞는 맛의 거리이기도 하다.

전주를 찾은 이들에게 아침밥만은 책임질 수 있는 곳이 전주이다. 나도 이제 콩나물국밥에 길들어졌는지 최근에는 콩나물 국물 맛이 생각나는 때가 종종 있다. 나이 들수록 목이 컬컬해질 때가 자주 생기는 까닭인가 싶다. 우리 가족들이 전주에서 모이게 되면 언제나 떠나는 날 아침은 콩나물국밥으로 하는 것이 행사처럼 되었다. 아직 잠자리에 덜 깬 아이를 둘러업고 콩나물국밥 집으로 내달아 간다. 가볍게 할 수 있는 아침식으로 아이들도 잘 먹기에 아주 적격이다. 아침에 속을 시원히 풀고 하루를 시작할 수 있는 음식. 전주를 방문하는 모든 이들에게 아침 선물로 안성맞춤인 게 콩나물국밥이 아닌가.

추억의 덕진연못

가을비가 그친 뒤, 청명한 햇살이 눈부시다. 파란 하늘의 흰 구름처럼 호수에는 오리배들이 한가롭게 떠돈다. 덕진공원은 건지산과 가련산을 이은 전주시의 보루인 제방 호수다. 전주시민의 쉼터이자 전주를 찾는 관광객에게는 빼놓을 수 없는 전주의 명소다. 특히 연꽃이 피는 여름철이면 누구나 한 번쯤은 찾게 되는 곳이며, 많은 사람의 추억의 장소이기도 하다. 연꽃이 지고 난 연못에는 꽃을 달았던 줄기와 잎이 이별가 한 소절이라도 읊을 듯하다.

검정과 갈색의 둥그런 돌이 연못의 둘레에 박혀 있다. 파란 연못 속에는 물고기가 뛰놀고 있다. 돌 틈새에 큼지막한 분홍색 꽃이 피어 있고 키 큰 나무가 긴 가지를 늘어뜨리고 서 있다. 뒤로는 둥치가 굵은 버드나무 세 그루도 나란히 그려져 있다. 새들인지 병아리인지 알 수 없는 날짐승도 그려져 있는 것이 아이의 그림답다고나 할까. 여자아이 셋이서 손짓하며 무언가 이야기를 하는 듯하고 그 앞에서 짧은 파마머리를 한 젊은 엄마가 카메라를 조준하고 있다. 굵게 그려진 카메라 다리가 기둥 같다. 간판에 '핫도그 있음'이라 적혀 있는 가게 문 앞에 두 손을 들고 있는 아이의 까만 뒤통수가 동그랗다. 그림을 그린 아이의 오빠였으리라.

딸아이가 초등학교 3학년 때 미술전람회에 출품한 작품이 지금도 거실 벽에 붙어서 옛이야기를 들려준다. 전주종합경기장 부근 덕진동에 주택단지가 개발되고 있을 때였다. 가련산 충혼탑 아래의 언덕에 이층집을 짓고 살았는데 이층에서 내려다보면 덕진연못이 보였다. 아이의 친구들까지 데리고 자주 연못에 가서 놀았다. 〈연못〉이란 제목의 그림 속 풍경이다.

지난봄, 큰언니의 팔순 기념 여행을 마치고 전주에 돌아온 우리 자매는 마지막으로 덕진연못에서 여행의 마무리를 했다. 부산, 경기, 전주 등지로 흩어져서 사는 우리는 덕진연못에 얽힌 추억도 각가지다. 늦봄이어서 아직 연꽃은 피지 않았지만, 창포 잎이 무성했다. 연못 주위를 거닐다가 우람한 고목들이 옛날의 이야기를 품고 있는 듯하여 나란히 사진도 찍었다.

우리가 태어난 곳은 경남 진주지만 부산에서 오래 살았다. 아버지의 직장이 전주로 발령이 된 까닭으로 우리 가족은 전주에서 몇 년간 살았다. 큰언니는 경남 사람과 전주에서 결혼식을 올리고 부산으로 바로 떠났는데, 첫 신혼여행지가 덕진연못이었던 셈이다. 연못을 배경 하여 찍었던 그때의 사진을 기억한다. 작은언니의 이루지 못한 첫사랑은 연못이 삼켜버렸고, 나의 첫사랑의 인연도 그곳에서 싹텄으리라. 아버지는 내가 고등학교에 입학하자마자 다시 부산으로 내려가게 되었다. 나는 작은언니와 함께 고등학교를 졸업할 때까지 전주에 남았다.

아침해를 마주하며 서노송동에서 노송천을 따라 학교에 다녔다. 지금의 한옥마을 공영주차장이 전주여자중학교 자리였고, 르윈호텔 자리가 전주여고 자리였다. 그 두 곳에서 내 소녀적 꿈을 키웠다. 한벽당 앞 다리로 이어지는 기린대로는 전주여고 운동장 언덕 위로 지나는 철길이었다. 졸업 기념사진을 찍을 때는 한벽당 밑 굴다리 안의 철로 위에서 사진도 찍고, 또 철길 따라 코스모스 들판이었던 전북대 인문대를 지나서 덕진연못까지 걸어갔던 일들이 엊그제만 같다. 전주역이 동쪽 외곽 지금의 자리로 옮겨진 뒤, 그 철길은 기린대로가 되어 전주시의 동맥 구실을 한다. 그때로서는 내가 다시 한벽당 아래를 지나 기린대로를 날마다 자동차를 타고 지나리라고 어찌 상상이나 할 수 있었던가.

여고를 졸업하고 서울에서 대학을 다니고 직장생활도 서울과 부산을 오가며 하게 되었다. 한창 잘나가던 청년기였다. 세월은 흐르고 전주 이야기는 잊고 살고 있었다. 그러던 어느 날, 갑자기 나를 찾아온 그이는 날마다 서울 내 직장의 퇴근길을 가로막고 기다렸다.

교통이 편리해진 지금도 나는 전주에서 부산에 한번 가기가 수월하지 않다. 고속버스도 없던 옛날에는 전주에서 부산에 가자면 기차를 타고 대전에서 반드시 경부선을 갈아타고 밤새워야 했기에, 그 인상이 지금도 어려운 길로 남게 한다. 고대시절 백제의 서동은 신라의 선화공주를 데려오려고 위험했던 국경을 넘어서까지 마를 팔러 갔다. 그 사람도 그렇게 나를 찾아다녔다. 부산의 옛날 주소만 가지고 수소문하다 서울까지 와서야 나를 찾게 된 것이다. 그리하여 선화공주가 그랬듯이 나도 백제인이 되고 말았다.

사랑에는 국경도 없다지만, 일가친척 한 사람도 없는 낯선 땅에서 살아내는 것이 어찌 처음부터 쉬웠겠는가. 서로 사이가 안 좋을 때는 이담에 나는 반드시 경남 땅에 묻히리라는 농담도 하였지만, 연못을 한 바퀴 돌다 보면 삶에서 오는 불편과 애환을 연못은 다 받아주었다. 모든 근심과 불만의 찌꺼기들은 연못 밑의 진흙으로 삭아서 꽃을 피우는 거름이 되었으리라.

〈연못〉 속의 아이들도 이제는 성가成家 하여 그들의 아이들이 그림 속 아이들만큼 커가고 있다. 두 세대의 이야기와 수많은 사람의 사연들까지 연못 속에 담겨 여름 한낮에는 연화세상 이야기로 피어나는지도 모른다. 연꽃은 씨앗과 꽃이 동시에 피어나는 꽃이 아닌가. 원인과 결과가 동시에 시작되는 연꽃처럼 어린 시절에 이미 자리 잡은 싹이 전주 사람이 되는 결과를 낳았던가 싶다. 우리가 세대를 넘기는 동안에 피웠던 꽃들은 어떤 씨앗으로 맺어져 다음 세대로 이어질까. 이제 가을도 깊어가고 흘러간 세월과 떠난 사랑도 모두 그리움으로 돌아와서 연화세상 이야기의 한 대목으로 엮어지리라.

흐른다. 전주천

졸졸 흐르는 물소리를 물끄러미 듣는다. 쏴 – 쏴! 여울물 소리. 재잘재잘, 조잘조잘 옹알거린다. 사람들이 모여서 이루는 이야기인 듯, 옛날이야기인 듯, 물소리에서 숨은 이야기들이 기어 나온다.

'오목교'라 이름 지은 다리를 처음 걸어본다. 지난해 완판본문화관과 건너편 지금의 세계무형문화유산원 사이를 잇는 새 돌다리다. 무형문화유산원은 옛날 전주수목원 자리였다. 다리 가운데서 동쪽을 바라보면 승암산의 풍경이, 남쪽으로는 남고산성이, 서쪽으로는 남천교 위, 〈청연루〉의 날렵한 지붕이 완산 아래로, 마치 병풍 그림을 펼쳐놓은 듯 아름답다. 다리 밑으로 내려와서 예부터 있던 징검돌다리를 건넌다. 서쪽 아래 징검돌까지, 햇살 속을 걷는 동안 내 마음속에도 맑고 고요한 강물이 흐르는 듯했다. 너럭바위 같은 징검돌을 하나하나 짚어본다. 물오리 몇 마리와 왜가리 한 마리도 산책을 나와 청량한 물 위에서 유유히 놀고 있다. 돌 틈 사이로 흐르는 물소리가 전주사람의 이야기를 풀어놓은 것처럼, 추억이 된 옛 이야기를 '소색이는' 것 같아서 한 바윗돌에 걸터앉아 새삼 그 이야기 소리를 음악처럼 새겨듣는다.

경남 땅이 고향이던 내가 어쩌다 중고등학교 시절을 전주에서 보낸 인연으로 전주 사람이 되기까지 반세기가 훨씬 넘었다. 지금은 전주의 관문이었던 상관에서 살고 있기에, 전주천의 발원지인 슬치 고개에서 내려오는 물길인 대흥천을 따라와 한벽교를 거의 매일 지난다, 한벽당에서 서쪽으로 흐르는 물길부터 전주천이라 불린다. 아주 먼 옛날에는 대흥천 물길이 오목대를 휘돌아 금암동, 구 전주방송국 앞, 거북바위 앞으로 흘렀다 한다. 오목대와 거북바위에 배를 대었다고 하니, 상전벽해가 거꾸로 몇 번이나 뒤집어졌는지 까마득하기만 하다. 고대부터 모든 문명의 발상지가 강 유역이었고, 많은 도시 마을은 반드시 물길을 끼고 있지 않던가. 삼각산 얼음물이 녹으면 청계천 굽이진 냇가에는 여기저기 방망이 소리가 요란했다고 했지. 방망이 소리 잦아들자 한강의 기적은 지금의 서울을 이룩했다. 전주천 또한 전주시를 감싸 안고 마을을 품어 전주의 역사를 이루어왔지 싶다.

처음 전주천에 왔을 때까지만 해도 전주천 빨래터 풍경은 전주 십경 중의 하나였다. 한벽당 밑에서 절벽을 친 물길이 한벽청연을 이루고 흘러서 전통문화관 앞쯤에 오면 너른 빨래터가 되었다. 여고 시절 언니 따라 빨래터에 온 적이 있었다. 광목천 홑청 같은 것을 빨면 삶아주는 직업도 있었다. 빨래를 자갈밭에 널어 말리던 풍경도 떠오른다. 그렇듯 전주 사람들도 전주천의 빨래터를 이용했다. 지금은 시골 마을 앞의 시냇가에도 가끔 빨래터의 흔적이 있을 뿐이다. 전주 십경의 남천표모南川漂母는 온데간데없지만, 여전히 전주천은 전주에서 빼놓을 수 없는 명소다.

전주에서 신혼살림을 차렸을 때, 내 생일 날 그이는 오모가리탕을 사준다고 나를 전주천으로 데리고 왔다. 옛날 빨래터의 흔적은 없어졌지만 천변에 천막을 친 평상들이 즐비했다. 나는 그때 오모가리가 물고기 이름이 아닌, 오목한 뚝배기 이름인 것을 알았다. 전주 팔미 중의 하나라는 것도. 여름철에 내 생일이 있기에 시원한 나들이가 되었다. 지금은 오모가리탕 집이 많이 사라지고 한두 집이 명맥만 지니고 있는 것 같다. 물론 물고기를 잡을 수도 없다.

남천교의 〈청연루〉까지는 한옥마을을 찾는 관광객들이 들르는 코스이기도 하다. 날씨 좋은 날은 고운 한복 차림의 젊은 관광객들이 천변을 산책하며 쌍으로 혹은 삼삼오오 짝을 지어 사진을 찍는 모습은 이제 낯설지 않은 풍경이다. 남천교를 지나 한옥마을로 들어서면 시간이 멈춘 듯 조선 시대의 어느 새마을에 들어선 듯한 착각마저 일어난다. 오늘도 화려한 한복 차림의 신혼부부(?) 한 쌍을 만났다. 날씨도 추운데 신혼여행 왔는가 하고 물으니 상쾌한 웃음으로 화답한다.

전주천을 정화한 뒤, 전주천에서는 맑은 물에서만 사는 쉬리와 멸종위기였던 야생동물인 수달까지 사는 깨끗한 하천이 되었다. 천변을 공원화하여 철마다 아름다운 경관을 연출하니 인근 주민들의 운동 장소와 산책로가 되었다. 천변 길을 따라 내려가면 전주의 역사성을 지닌 남부시장과 장군봉의 이야기가 줄줄이 이어지고, 삼천까지 올라가는 둘레길의 길목마다 전주 사람의 사연이 깃들어 있다. 전주사람과 전주와 인연을 지닌 사람들의 이야기는 전주천의 물길 따라 흘러서 삼천을 만나고, 다시 고산천과 합류하고 흘러서 만경강으로 흡수되어 새로운 역사의 바다로 흘러가리라.

아자개산머루주

와인 이름에 아자개라니? 아자개산머루주를 생산하는 공장을 찾아갔다. 임실군 삼계면 세심리에 있다. 세심리라면 언젠가 세심자연휴양림에 들린 적이 있었다. 산 좋고 물 좋은 곳이다.

세심리 마을 입구의 한 가게에 들러서 목을 축이며 주인에게 물었다. 와인 공장은 문을 닫은 지가 몇 년 된다고 했다. 공장 주인은 빚더미에 떠밀려서 행방불명이다가 결국 공장은 경매에 넘어가고 말았다. 허탈했다. 실제로 세심리에서는 산머루가 자생하지는 않았다. 무주 지방의 산골에서 묘목을 구해서 이곳에 심고 머루를 수확했다는데 길게 가지 못한 것 같았다. 산머루주 이름에 아자개란 이름을 붙인 사연을 알아내지는 못했으니 오래전부터 전해 내려온 이야기를 들어 모을 수 있었다. 아자개라면 후백제를 세웠던 견훤의 아버지 이름이 아닌가.

견훤의 성은 이 씨였는데 15세가 되자 스스로 견훤甄萱이라 하였다. 《삼국유사》에는 이런 대목이 있다. "처음 견훤이 나서 어렸는데 그의 아버지가 들에서 농사일을 하니 어머니가 밥을 갖다 주려고 아이를 숲 아래에 뉘어놓자 호랑이가 와서 젖을 먹여주었으며, 숲으로 햇볕이 들면 새들이 날아와 그늘을 만들었다. 향당鄕黨에서 그 말을 들은 자들이 이상하게 여겼다. 견훤이 장성하자 체모가 웅기雄奇하고 지기志氣가 뛰어나 비범하였는데, 종군하느라 왕경王京에 들어와 서남쪽 바닷가를 지키면서 창을 베고 누워 적을 기다렸다. 그의 기개가 항상 사졸을 우선하였으며 공을 세워서 비장裨將이 되었다.”

견훤의 아버지 아자개는 상주 지역의 호족이었는데 장군이 되어 많은 사람들이 뒤따랐다는 기록으로 보아 가문 등 후광이 좋은 인물이었던 듯하다. 역사서에는 진흥왕의 먼 후손의 아들이었다고 하니 왕족의 후예인 셈이다. 실제로 견훤의 친아버지는 특이하게도 기록상에 전해지는 아자개가 아니다 지렁이가 인간화한 사람으로 등장한다. 왜 하필이면 견훤의 아버지가 지렁이인가에 대해서는 유력한 설도 있다. 몇몇 학자들은 원래 견훤이 용의 아들이라는 내용의 이야기였지만, 그가 후삼국 통일에 실패한 뒤 몰락하자 용과 비슷하지만, 훨씬 급이 떨어지는 동물인 지렁이로 표현했다는 설을 내놓기도 한다. 지렁이와 다른 이름으로 토룡이라고 불렸다는 점을 보면 가능성이 꽤 있는 주장이다. 견훤의 출생 설화는 그리하여 호랑이의 아들을 깎아내려 지렁이로 기록한 것이 아니었을까. 역사의 기록은 승자의 편이니까 말이다.

견훤은 892년에 무진주를 습격하여 스스로 왕이 되었다. 공공연히 왕이라 일컫지는 못하고 스스로 신라의 높은 관직명으로 서명하였다. 견훤이 완산주(전주)에 들어왔을 때 전주천이 휘돌아가는 협곡의 바위산이 우람하여 보기 좋았다. 지금의 승암산인 듯하다. 바위산을 우러러 쳐다보았을 때, 견훤은 아버지 아자개에게서 들었던 꿈속의 산과 똑 같아 보여 놀라웠다.

견훤이 16세에 출정할 때 아자개는 견훤의 태몽 이야기를 들려주었다. 아자개의 아버지, 견훤의 할아버지는 산머루를 좋아했다. 아자개는 겨울에도 잘 익은 산머루를 따려고 산으로 자주 갔는데, 하루는 아름다운 협곡을 끼고 있는 산의 풍경에 매료되었다. 바위산은 정기가 웅장하고 빼어난 기풍을 지니고 있었다. 산의 주위를 살펴보다 산머루를 발견하고 바위산을 타고 오르다가 그만 헛발을 디뎌 미끄러졌다. 아찔한 순간 정신을 차리고 보니 호랑이 등에 올라타고 있었다. 호랑이를 타고 마을로 돌아오니 마을 사람들이 환호성을 올리며 반가워하였다. 그런 꿈을 꾼 뒤 견훤이 태어났다고 했다. 아마도 견훤이 아버지 아자개의 태몽을 떠올리고 그곳 산기슭에 산성 터를 잡았던 것이 아닐까.

견훤은 고려의 건국 때 왕건에게 축하의 글을 보내기도 하고, 시신으로는 왕건에게 '백가지 계책으로 엿보고 갖은 방법으로 뒤흔들었으나, 아직껏 내 말馬의 머리를 보지 못하였고 소털 하나도 뽑지 못하였습니다.'라고 으름장을 놓기도 했다. '다만 평양의 누각에 활을 걸고 말에게 패강浿江의 물을 마시게 하는 것일 뿐입니다.'라고 통일의 원을 비치기도 했다. 견훤은 어지럽고 문란하였던 신라 사회를 바르게 열고자 완산주에서 후백제를 건국하고 연호를 정개正開라고 하였다.

견훤이 큰 아들을 두고 기어이 금강을 후계자로 삼은 데는 숨은 뜻이 있었다. 금강이 몸도 장대하고 총명하여 견훤의 사랑을 독차지 하였다. 큰아들 신검, 양검, 용검은 무주 출신 왕비가 낳았고, 넷째 금강은 완산주 출신 왕비가 낳았으므로 견훤은 완산주에 도읍했기 때문에 완산주 호족들의 지지를 받는 것이 결정적으로 필요했다. 그래서 완산주 출신인 금강을 후계자로 정한 것은 마땅한 일이었다.

당시에는 지방 호족들이 힘이 강하고 영향력이 있었기 때문에 고려의 왕건은 지방 호족들을 포섭하여 인심을 얻은 반면에 견훤은 그러지 못하여 휘하의 장군들이 고려에 항복하는 사람이 많았다. 왕건과 견훤의 차이점이 드러나는 것은 왕건은 몸을 아주 낮추는데 탁월한 재능이 있었다. 지방호족들의 환심을 사기에 충분했다. 견훤이 왕건에게 몸을 의탁했을 때도 훨씬 연상인 견훤을 아버지로 대하지 않았던가. 왕이 되는 품이 고개를 숙일 때를 알고 스스로를 낮출 수 있는 아량이 있어야 한다는 것이 뒤엔 엄청난 결과를 초래했다. 견훤도 후에 한탄했으리라. 그나마 후삼국 시대에 고려의 목 끝까지 추격한 영향력을 보여 주었다는 점에서는 의의가 있다 할까?

견훤이 집안의 내분으로 끝내는 왕건에게 몸을 의탁한 신세였지만, 황산 전투에서 왕건과 후백제 신검과 마주 했을 때 진정으로 신검이 전쟁에 패하기를 바랐을까? 결국 후백제는 2대 째 고려에게 망하고 왕건이 신검을 잡아 죽이지 않고 살려주었다는 것에 화가 치밀어서 견훤이 등창으로 죽었다고 했다. 권력 다툼에 부자父子가 없다지만, 자신을 이은 신검이 은근히 이겨주기를 바랬던 마음도 없지 않았으리라. 생각해보면 견훤은 결코 신검에게 복수하지 않은 것에 화가 난 것이 아니라 후백제가 망한 것에 대한 자탄이었을 것이다. 죽을 고생을 하고 건국한 백제를 스스로 무너뜨린 셈이 되고 말았으니….

전주에 후백제가 도읍을 정했다면, 도읍의 필수조건인 왕궁과 왕릉, 사찰이 어딘가에 있었을 것이다. 비록 37년의 짧은 역사였지만, 가장 웅대하고 장엄한 왕궁이 후백제의 도읍 전주를 웅변해 주었을 것으로 추측된다.

《심춘순례》에는 1925년 육당 최남선도 전라도 일대를 기행하면서 기록한 글이 있다.

"반대산(현 전주동초등학교 뒷산) 밑에 높다란 판자로 담장을 두르고 지붕에 창을 낸 집채가 줄줄이 보이는 것은 물을 것도 없이 감옥(옛 전주교도소)인데, 그 곁에서부터 철로 쪽으로 논두렁처럼 울목줄묵하게 남아 있는 것이 후백제의 성터라 한다. 대개는 마한 이래의 옛터를 그대로 사용해 내려온 것일 듯하여, 거의 없어지고 겨우 남은 몇 줌 흙이 몹시 남의 마음을 잡아당긴다. 신라의 사슴이 바야흐로 임자의 손을 떠났을 때에 여기저기서 내 물건이라고 하는 이들이 나섰지만, 세력과 규도規度가 누가 능히 견훤을 필적하였던가. 저 고려 태조 같은 이도 후백제에는 여러 번 혼이 나서 삼국통일의 자신감이 하염없이 무너지려 함이 한두 번이 아니었던 것이다. 아니, 왜구 토벌이 이 태조 건국의 단서이던 것처럼 후백제 격파가 왕 태조 성업의 기본이리라 함이 도리어 확론이 될 것이다. 그토록 절대 하던 후백제 근거지의 떨어진 자취가 지금 저 흙덩이 몇 줌이다. 그나마 없었다면 행인의 조상하는 눈물을 받을 후백제 때 문건이랄 것이 무엇이었을는지."

아자개산머루주의 역사도 마치 후백제의 운명과 같이 일찍 사라진 것에 대해 아쉬운 마음이 들었다. 견훤의 말이 패강의 물을 마시지는 못한 것처럼, 우리도 산머루주 한 모금도 마시지 못하고 씁쓸한 기분만 안고 뒤돌아 왔다. 그러나 전주천 역사의 물길은 천 년 동안 마르지 않고 패왕의 진정한 꿈을 담고 흐르고 있다고 해야 하지 않을까.

전라도 정도定道 천 년을 기념하며 그 의미를 새기는 행사가 많다. 때마침 전주의 '후백제선양회'는 덕진공원에서 올해 2회째 견훤 대왕 숭모제를 열었다. 특이하게도 제주祭酒로 머루주를 올리는 것은 아자개산머루주 유래의 뜻인 듯 했다. 광주 북촌에는 견훤의 출생 설화가 전해오는 생룡마을이 있는데 마을 입구에 그림 간판을 붙이고, 축제를 벌인다고도 한다. 견훤이 출생한 상주 가은현에도 그의 사당이 있으며 매해 제를 지낸다. 후백제 도읍지 전주의 위상에 걸맞게 견훤 대왕의 사당이라도 짓고 그의 뜻을 숭앙하며 다음 천 년의 전주를 이어갈 꿈을 그려 가면 좋을 것 같다.

고들빼기김치

비닐로 싼 네모난 그릇 위에 곱게 갠 하얀 손수건이 놓여 있다. 그릇을 꺼내 열고 보니 새로 담은 김치가 가득했다. 배추김치, 알타리무김치, 그리고 고들빼기김치까지다. 옆집 언니네 김치는 내 입맛에 딱 맞다. 너무 짜지도 맵지도 않고 서울김치 같이 약간 달면서도 삼삼한 감칠맛이 난다. 마침 밥을 하고 있던 중이라서 밥상을 차렸다. 자꾸만 김치가 먹고 싶어서 밥을 더 먹게 되었다. 잊어버려도 될 손수건이건만. 내 손수건에 대한 답례가 너무 거했다.

언니는 아파트의 건너편에 텃밭을 마련했다. 나는 밤늦게 공부하고 아침엔 늦잠 자기 일쑤인데, 언니는 새벽기도 삼아 텃밭을 가꾸면서 활기를 챙기는 것 같다. 며칠 전 언니의 텃밭에 가니까, 뜨거웠던 여름의 열기가 텃밭에 다 숨어서 열매를 익히고 있었다. 고추와 가지 상치 등이 한가득했다. 땅에 엎드려 누워있는 고들빼기도 있었다. 난 그것을 거두어 김치 담을 엄두는 낼 수 없었다. 언니는 심고, 나는 한번 따먹는 일도 힘들어서야, 이거 말이 아니다. 밭에서 먹거리를 채취해서 음식으로 만들기까지는 일이 얼마나 많은지, 가을이 쓸쓸할 새가 있을까. 문밖에 나오면 맞닥뜨려야 할 폭염이 사라졌으나…. 그 여름을 찾아 먹을 때다.

고들빼기김치는 전주에 와서 처음 알았다. 고들빼기김치는 담기가 어렵다. 시간과 정성이 많이 든다. 전주사람들의 김치 솜씨는 특별하고 인심도 좋다. 내가 처음 교동에서 신접살이 할 때 동네사람 한 집에서 김치를 담으면 잔칫날 같았다. 난 그때 고구마순 김치도 알았는데 묘한 맛이었다. 그때부터 고구마순 나물도 좋아하게 되었다. 그 시절에는 확독에 고추를 갈아서 그 그릇에다 바로 김치를 버물었다. 방금 버무린 김치를 이웃집에 한 그릇씩 나누어 주었다. 그러면 주인 몫은 얼마 안 되었을 텐데, 그때의 김치 선물을 잊지 못한다. 그런데 전주 사람 김치 나누어 먹는 일은 지금까지 이어진다. 내가 김장김치 안 담게 된 지는 십여 년도 넘는다. 그러나 이웃에서 들어오는 김치가 내가 담는 것보다 많게 되어서 다음 철까지 먹게 된다. 김장때마다 한 통을 준비해주는 친구가 있어서 지금도 익은 김치를 맛나게 먹고 있다.

오늘 언니의 고들빼기김치를 먹고 고들빼기김치에 대한 남다른 애정을 가진 고하 선생님의 글이 생각나서 여기 옮겨본다. "고들빼기김치는 전라도, 특히 전주의 음식이다. 다른 지방의 밥상에서 그리 흔하게 대할 수 없는 김치이기 때문이다."

"옛날, 한 전라도 친구가 서울 친구를 찾아 길을 뜨면서, 자그마한 옹기단지에 고들빼기김치를 맛갈지게 담아 선물로 가져갔다. 그러나 서울 친구는 이사를 하여 몇 날을 그 집을 찾았으나 허사였다. 가지고 간 노자는 떨어지고, 자고 먹은 값을 치르기에도 돈이 모자랐다.

낭패한 이 친구, 숙식을 하여 준 주인에게 자기의 딱한 사정을 이야기하고 자기가 가진 것이란 이 김치단지 밖에 없으니, 이로써 숙식비 대신 받아달라고 친구에의 선물용 고들빼기김치 단지를 내밀었다. 주인은 단지의 뚜껑을 열어 김치 맛을 보고는 '아, 인삼 김치 아니요.' 하더라는 것이다. 어리둥절한 전라도 친구는 그게 아니라 '고들빼기김치요'하고 설명했지만, 서울의 그 집 주인은 '인삼 맛의 인삼 김치'라며, 이 귀물을 얼마 안 되는 숙식비만으로 받을 수 없으니 돌아가는 노자에 보태 쓰라고 넉넉한 돈까지 주더라는 이야기다. 이리하여 이 고들빼기김치는 인삼김치로도 불리어지고 있다. 의식동원醫食同源이란 말마따나, 사실 고들빼기김치에는 인삼의 효력이 있을지 모를 일이다."

오랜만에 전주의 특미를 맛보고 새삼 나도 전주의 맛에 길들여진 전주 사람이 된 것 같다. 이리하여 영호남의 교류가 확실히 이어진 게 아닌가. 그런데 요즈음에는 고들빼기김치를 잘 담지 않는 것 같다. 손이 많이 가니까, 점섬 멀어지는 것에 대한 아쉬움이 있다. 옛날에는 자생 고들빼기가 많았단다. 그것은 자색을 띠어서 쌉싸름한 맛이 사람의 위가 좋아하는 것만은 사실이었단다. 사람의 위가 싫어하는 맛이 단맛이라는데 요즈음은 단맛이 흔해서 위장병을 앓는 사람이 많아지는지도 모르겠다. 전주의 옛 맛이 사라지지 않으면 좋겠다. 전주가 음식도시인 만큼 옛 맛을 이어가는 언니의 고들빼기김치에 감사하며 대를 이어가기 바란다.

밥 먹다가 사진으로 스캔했다. 진수성찬이 부러울 것 없다. 고들빼기김치를 가운데 두고, 밭에서 갓 따온 호박, 가지, 고추, 상치 등의 하늘 땅 맛이 싱그럽다. 요리솜씨는 없어도…. 재료의 제 맛이 살아 있다. 멋낼 필요 없는 있는 그대로 소박한 내 밥상이 되었다.

옛 선비 길 따라

연둣빛으로 피어나는 봄날의 하루가 산골짝의 물결과 함께 흘렀다. 몇백 년의 봄날을 하루 만에 지나온 것 같아 가슴이 벅차오른다. 옛 선비들이 수려한 자연 속에서 음풍농월하던 누정문화가 발달한 곳이 함양이다. 이름만 들어도 문장으로 유명한 최치원을 비롯한 조선의 김종직, 정여창, 박지원 등이 머물렀던 이곳은 그들이 남긴 흔적만으로도 발걸음을 멈추게 하는 역사적인 고장이다.

오늘은 그들 선비들이 문장을 닦고 시대정신의 저력을 키웠던 자연 속의 누정을 둘러보게 되었다. 거연정居然亭의 역사를 다시 조명하게 되니 새로운 감흥이 일었다. 무엇보다 거연정을 건립한 전 씨 문중의 국문학 박사인 전 교수의 안내와 해설로 하는 문학기행이어서 더욱 뜻깊은 날이다.

함양군 안의면을 둘러싸고 있는 화림동花林洞 계곡으로 들어가자 우람한 느티나무와 거목들이 우리들 시선을 사로잡는다. 계곡 입구에는 거북 등 위에서 용머리 이수螭首를 이고 있는 우람한 신도비가 우뚝 서 있다. 화림재전공유허비花林齋全公遺虛碑. '옛 안의현 서쪽 화림동 '새들'에 신평新坪마을이 있는데, 봉전鳳田마을이라고도 불렀다. 산과 물이 그윽하고 깊으며 산수가 맑고 아름다워 화림재 전 공 (전시서全時敍)이 병자호란으로 세상이 어지러울 때 이곳에 은거하였다.' 라고 씌어 있다. 비석 뒤에는 아담한 화림재가 고즈넉이 자리하고 있다. 현판 글씨는 전서체였는데 '화花 자의 소전체素篆體'* '를 처음 보는 글자였는데 굳건하면서도 특출한 솜씨였다. 어지간한 사람은 도저히 알아볼 수 없는 글자였다. 모두들 잘 모르는 글자여서 자칫했으면 문중에서는 다른 현판 글씨로 바꾸려고 했던 것을 전 박사에 의하여 그대로 두었단다. 현판 글씨는 순조연간에 다산 정약용과 추사 김정희의 문하에서 실학과 서예, 금석학을 공부하고 예서와 묵란에 이름을 떨친 형조판서 위당威堂 신헌申櫶 공이 썼다고 한다.

거연정居然亭이 있는 봉전 마을은 고려 말기 전오륜倫의 8대손 가선대부 동지중추부사 화림재 전시서全時敍공이 병자호란 때 은거하여 정선 전씨들의 세거지가 되었단다. 공은 1640년 서산서원의 모체인 화림재를 짓고 그 곁인 현 거연정 위치에 억새로 만든 모정茅亭을 처음으로 건립하였다. 1872년 공의 8대손인 전재학, 9세손 전계진 등이 억새로 된 정자를 철거하고 훼철된 서산서원의 재목으로 중건重建하였는데, 1901년 다시 중수하여 오늘에 이른다. 거연居然은 주자의 시 정사잡영 精舍雜詠 12수 중에 '거연아천석居然我泉石'에서 딴 것으로, 물과 돌이 어울린 자연에 편안하게 사는 사람이 된다는 뜻인 것 같다. 과연 전시서 공의 풍모가 연상되는 정자 이름이다. 정자 안에는 판자를 댄 편방이 하나 있고, 고산鼓山 임헌회任憲晦, 연재淵齋 송병선宋秉璿선생의 기문記文이 걸려 있다. 임헌회(1811-1876)는 '영남의 명승 중에서 안의 삼동이 가장 빼어나고, 그 중에서도 화림동이 최고며, 화림동의 명승 중에서 거연정이 단연 으뜸'이라고 거연정 기문에 적어서 전한다.

화림동 계곡은 남덕유산에서 발원한 물이 남으로 흘러 60 리에 이르며 굽이치는 물결과 주변의 경관이 아름다워 많은 누정이 들앉아 있을 만한 곳이다. 초록이 물들어가는 화림동 경관은 꽃과 숲, 물소리, 새소리가 백두대간 남쪽에서 가장 아름다운 풍광을 만든다는 말을 실감하게 한다. 노송과 노거수들이 둘러싼 거연정은 자연의 일부가 된 자연. 돌과 냇물이 하나가 되는 섬 같은 암반 위에 앉아 있다. 우둘투둘한 자연 돌을 주춧돌로 삼아 기둥도 짧고 긴 것이 있다. 정자가 바위섬에 앉아 있으니 섬의 양옆구리를 휘감고 돌아 흐른 두 갈래의 물이 정자 앞에서 합수하여 긴 계곡 밑으로 흐른다. 물빛과 물소리, 새소리는 거연정과 인연했던 신비들의 소리인 듯 잔잔히 흘러내린다.

옛 선비들의 정감을 느낄 수 있는 둘레길이 조성되어 있어 계절마다 그 정취를 물씬 담을 수 있어 좋다. 거연정을 나와 다리를 건너면 데크 산책길로 이어진다. 입구에 아직 봄을 여의지 못한 왕벚나무 꽃들이 반갑게 우리를 맞이한다. 산책길 옆의 계곡은 우람한 소나무와 거목들이 서늘할 만큼 그늘을 만들고, 계곡의 바닥 역시 너럭바위가 미끄럽게 깔려 있는 경관 빼어난 곳에 그림 같은 별장 하나가 다소곳이 앉아있다. 철쭉꽃이 한창 햇빛을 받아 반짝이고 있다.

한때 안의 현감이었던 정여창도 화림동을 즐겨 찾았고, 후대의 안의 현감 연암 박지원도 이곳에 들러서 '한양 사람들이 무더운 여름날 화림동 계곡에 발 담그고 탁족濯足 한번 해보는 것이 소원이라더니 과연 화림동이구나!' 라며 감탄을 자아냈다고 한다.

안의는 소고기가 좋다 하여 안의면의 이름 있는 식당에서 갈비탕을 대접받고 소주도 한 잔 마시니 피곤도 싹 가시고 봄날의 흥취가 한결 더했다. 서산서원으로 향했다. 전 박사가 쓴 서산서원 약사略史의 비석 앞에서 우리는 그분의 해설을 들었다. 약사에 의하면 "헌종 7년 1841년 경상, 전라, 충청, 강원, 4도의 사람들이 화림재 전공의 7대조인 여말 충신 전법판서 채미헌 휘 오륜五倫공을 서산사에 제향祭享하자고 여러 차례 통문을 돌려 안의현 서쪽 20리 화림동에 서산사를 세웠다고 〈채미헌실기〉에 전한다.'고 하였다.

철종 4년 1853년 봉전 온 마을에 큰 화재가 일어나 서산사도 화염에 쌓이자, 한 서생의 죽음을 무릅쓴 노력으로 서산사 현판만은 남게 되었으나, 고종 5년 1868년 서원 철폐조령에 의해 서산서원은 사라지게 되었단다. '근자에 봉전 마을이 정부로부터 선비문화마을로 지정이 되고, 이후 권역별 국가사업에 선정되면서 서산서원을 중건하기에 이르니 나라에 충성을 다한 전법판서 채미헌 휘諱 오륜五倫 공의 충정과 선조들의 위선봉사爲先奉祀정신에 하늘도 감동한 결과다.'라 하였다. 실로 148년 만에 기적 같이 서원을 건립하게 된 배경에는 전씨 문중과 전 박사의 숨은 노고가 컸음을 알 수 있었다.

고려말의 채미헌 공에 대하여 알게 된 것도 선비 정신에 대한 새로운 발견이었다. 전오륜은 이름과 같이 삼강三綱과 오륜五倫에 대한 유학 도道의 정신이 오롯이 배어 있다는 뜻인가 싶었다. 조선이 개창하자 두문동으로 들어가 두문동 72현의 한 사람으로 추앙 받았다. 이성계가 회유했으나 끝내 응하지 않았고, 후에 본향안치本鄕安置되자 고향인 강원도 정선 서운산으로 옮겼다. 백이숙제처럼 고사리를 꺾으며 살았으므로 후세인들은 공의 호를 채미헌 採薇軒이라 불렀다 한다.

전 박사는 이곳만 오면 마음이 아프다고 한다. 그분은 채미헌 공의 19세 손이다. 후손들이 대대로 살아오면서 우여곡절은 얼마나 많았을까. 지조 있는 어느 가문인들 조용하고 안일하게 이어져 온 집안은 그리 흔치 않으리라. 왕의 이름이 바뀌고 나라 이름만 바뀌었을 뿐, 같은 땅과 같은 백성들이있는네, 불사이군不事二君이라는 절의節義를 지켜야 하는 도학정신이 년년세세 추모할 대상이 되었던가.

개혁 군주와 같은 정신을 공유할 수 없었으니 어찌 나라와 백성을 위한 일을 같이 할 수 있었겠는가. 전대의 임금에 대한 절의인지, 나라와 백성을 위한 절의인지 안타깝기만 하다. 사람은 이름을 남겨야 한다기에 절의를 지킨 정신이 오늘날의 귀감이 되는 선비정신으로 남았던가 싶다.

오월의 푸른 날들과 같은 곧은 정신을 새기는 안의를 가면 전씨 가문의 삼강오륜三綱五倫을 생각해야 하리라. 화림동에는 또한 '삼강동三綱洞'이란 글자가 음각된 자연석이 우뚝 서 있다. 화림재 전시서의 증손인 전우석의 충의忠義, 아들 전택인의 효행孝行과 손부 분성 허씨의 열행烈行 등 3대에 걸친 충 · 효 · 열의 삼강행실을 기리는 자연석 돌비가 있다. 이 삼강동이란 글씨는 조선 순조대 성리학자인 금곡 송래희宋來熙 선생이 이곳 군자정君子亭에 들렀다가 한 집안에서 삼강의 윤리가 나온 것에 감동하여 스스로 쓴 것이란다. 공정재恭正齋에는 전시서의 3자 익정益禎공의 6대손인 재응在膺 공의 유허비가 우뚝 서 있다. 이 또한 전 박사가 글을 짓고 썼다고 한다. 전 박사는 공의 후손으로 현대에 보기 드문 선비정신을 이어받고 있는 분이어서 우리들은 그분을 가까이서 뵐 수 있는 은혜를 누리고 있는 셈이다.

조선의 선비들은 주자가 무이구곡에 무이정사를 짓고 유유자적하며 주자학을 정립하고 후학을 가르쳤다는 것에 많은 영향을 받았다. 그리하여 조선에서도 도산구곡, 송시열의 화양구곡, 이이의 고산구곡 등이 있다. 그리고 이곳 화림동의 아름다운 계곡에도 어찌 선비들의 정신을 담은 정자들이 세워지지 않았겠는가. 원래는 이 계곡에 팔담팔정이 있었다고 하나 지금은 거연정과 군자정, 동호정, 농월정의 4정만이 남아 있다.

발길을 돌려 안의면의 푸른 숲길을 지나 동호정東湖亭에 닿았다. 화림동 계곡의 정자 중에 하나인 동호정도 빼어난 경관이다. 임진왜란 때 선조의 의주 몽진을 도와 공을 세운 동호 장만리章萬里를 기리기 위한 정자이다. 1895년 건립한 정자이며 1936년에 중수하였다. 남강천의 담소 중의 하나인 옥녀담에 있다. 정자 앞 계곡 절벽의 큰 바위에서 잠시 휴식하며 아름다운 경관에 젖어 보았다. 팔작지붕을 날렵하게 펼친 정자에 오르는 나무 계단이 통나무여서 참 신비롭고도 정겹게 여겨졌다. 바로 징검돌 몇 개만 건너면 큰 마당바위가 펼쳐져 있는데, 건너가서 물결을 희롱하고 싶었지만, 여정이 여의치 않아서 아쉬움을 뒤로한 채 그냥 훌쩍 떠나와 버렸다.

해가 기울어 가는 시간에 농월정弄月亭에 다다랐다. 이름만으로도 달을 희롱하기에 알맞아 달밤의 계곡이 연상되었다. 마치 조각을 해놓은 것 같은 희귀한 바위들이 계곡을 덮은 반석 위에서 오늘 같은 봄날이라면 음풍농월이 적격이겠다 싶다. 흔적 없는 시간은 이렇게 산과 산 사이 계곡을 만들고 계곡의 바위를 다듬어 조각을 하며 기암을 돌아 흐르는 물소리를 연주한다.

무르익는 봄빛의 향기와 물소리가 창문을 두드려서 그냥 집안에 머물 수 없게 하는 이런 시절, 문향文鄕의 골짜기 따라 누정을 찾고 옛 선비의 문향聞香에 젖어본 봄날의 서정이 흥겨웠다. 조선조 말 연재 송병선의 시

〈거연정〉이 딱 알맞은 날이었다.

늙어가도 오히려 흥이 겨워
좋은 시절에 문득 유람하게 되었네
아름답기로 소문난 세 고을 땅에는
전씨 가문의 백년 된 정자가 있다네
사람은 태어날 때부터 터전이 있고
산은 태고의 정을 머금었네
고요하고 앞이 탁 트이면서 열려 있어
낮은 소리로 읊조리며 물가로 가네

송강정 연가

아침저녁으로 서늘한 기운이 감도는 9월의 첫날이다. 9월은 뜨거웠던 여름이 가고 가을을 맞이하는 길목이다. 〈Come September〉란 경쾌한 영화 음악이 저절로 떠오른다. 뉴욕의 사업가가 9월이면 이탈리아의 호화 별장에서 휴가를 보내면서 일어나는 사건들을 유쾌한 코믹드라마로 엮었던 이야기였던가. 그런 별장 아니라도 호젓한 숲속이라면 그 어디라도 나의 별장이 되리라. 따로 정자를 지을 필요도 없다.

서늘한 바람 타고 푸른 하늘 흰 구름 벗 삼아 온 별장이 담양 송강정松江亭이다. 송강정을 찾은 것은 그의 스승이었던 면앙정 송순(1493-1582)의 삶과 그의 가사歌辭 면암정가에 새로운 감흥을 받은 까닭이다. 당시 유명한 문인의 시징의 요람이었던 면앙정을 다녀와서 담양의 정자 문화에 새로운 관심이 일었다. 오늘은 담양의 입구에서 가까운 송강정부터 먼저 찾았다. 송강 정철은 송순의 제자로서 그의 성산별곡은 면앙정가를 꼭 빼닮았고, 면앙정가 다음으로 훌륭한 가사 작품으로 일컫고 있다.

문명과 문화는 발달했지만, 인간성은 현대까지 그리 발전해오지 못한 것 같아 옛사람의 올곧은 선비 정신을 말하는 인문학자들이 많다. 아직 임진왜란이 일어나기 전이어서 어쩌면 조선의 처지는 폭풍전야와 같은 괴이한 고요가 깃들었던 시기가 아니었을까? 송순이 70세 가까이 되어서 현역에서 물러나 거주하면서 많은 문인과 문학과 인생을 담론했던 곳이 면앙정이었다. 그로 인해 면앙정에 모였던 유명한 선비들이 면앙정 30영을 남긴 것으로 보아 그의 삶과 정신은 주위에 귀감이 되고 현대까지도 국문학에 영향을 끼치고 있다.

비록 나는 여자이고 관리 생활을 하지 않았지만. 그와 같은 나이가 되고 보니 그의 삶이 거울이 된다. 사회 활동에서 물러나 이제 조용한 삶을 새로운 차원에서 영위하고 싶은 마음이다. 면앙정가 같은 가사를 읊지 못해도 그들의 삶을 살펴보고 나의 사랑가 30영쯤은 남길 수 있지 않을까 싶은 마음이 일기도 하다.

송강이 정쟁으로 벼슬에서 물러나 있을 때는 죽림에 둘러싸인 초가였다는 것을 그의 글에서 알 수 있다. 그래서 처음의 이름은 죽녹정竹綠亭이었고 후대 그를 기리는 후손들이 송강정이라 이름 했다고 한다. 큰길에서 푸른 솔을 거느린 계단을 오르면 마주하는 측면에 먼저 〈죽녹정〉이란 현판을 먼저 올려다보고 정면으로 돌아서면 〈송강정〉이란 현판을 볼 수 있다. 정자 가운데 뒷면에 방 한 칸이 붙어 있다. 삼 면이 마루이며 둘레에 기상이 늠름하고 아름다운 고송의 빼어난 자태가 하늘을 덮고 있다. 우러러 볼만한 기상이다. 정자를 둘러싼 아직 붉은 꽃이 가득한 배롱나무가 푸른 소나무와 대조를 이루어 정자의 운치를 더한다. 송림으로 둘러싸인 작은 봉우리 위에 정자가 앉았으니 사방의 들판을 내려다볼 수 있다. 옛날을 상상해보면 아득할 뿐이다. 첩첩 봉우리들이 연이어 있는 아래로 좁은 산기슭 길을 걸어 다녔으리라. "오르며 내리며 헤매며 바장이다/ …… 초가집 찬 자리에 밤중쯤 돌아오니 바람벽의 등잔불은 누굴 위해 밝았는가/ …… 잠깐 피로하여 풋잠을 얼풋 드니……" 꿈에서까지 임을 그린다.

이곳에서 유배 같은 암담한 시절을 보냈던 송강은 임금을 사모하는 시가인 사미인곡思美人曲을 지었다고 한다. 마당에 사미인곡의 시비가 세워져 있다. 다시 벼슬에 복귀하고 싶은 마음이 임금에게 잘 보이고 싶도록 간절하여 애타는 연군지정을 품게 되었을까. 현대에는 매스꺼울 정도의 연정이지만, 연모의 정을 묘사한 대우對偶적 수사법은 현대까지도 국문학적 찬사를 받을 만하여 후학들에게 귀감이 된다.

마침 한 친구가 내가 좋아한다는 〈엘비스 프레슬리〉 유튜브를 보내왔다. 그중에서 〈Can't help falling in love with you〉란 노래는 엘비스의 특유한 음색으로 들어야 제 맛이 나는 감미로운 사랑의 노래다. 이 '사랑에 빠지지 않을 수 없어요.' 라는 노래를 들으면서 송강을 생각한다는 것이 어찌나 아이러니한지.

조선 시대에서 현대로 갑자기 떨어져 나온 것 같다. 과거의 어떤 내가 오늘 환생해 여기에 있는가 싶다. 처참한 시절, 슬프고 시름 많았던 그

때, 심어놓은 매화가지 꺾어 임금에게 바치고 싶었던 만큼 송강은 임을 그리워했을까. 그 적막했던 당시를 상상하며, 지금 나의 이 순간은 저 찬란한 배롱나무 꽃가지를 꺾어 사랑에 빠지지 않을 수 없다는 엘비스에게 〈사미인곡〉의 심정을 담아 보내야만 하지 않을까?

언덕 밑의 큰길에서는 들려오는 자동차 소음이 끊이지 않고, 길가의 음식점 주차장에 차들이 꽉 찼건만 이 송강정에 올라오는 사람이 하나도 없다. 고요한 정자와 산 아래 자동차 소음이 과거와 현대의 조화인가. 이윽고 한 쌍의 중년 남녀가 올라와 마루에서 연가를 쓰는 나와 눈맞춤을 한 뒤 송강정을 둘러보고 내려간다. 9월의 푸른 하늘 흰 구름 벗삼아 왔던 송강정에서 옛사람의 정서에 나를 비춰본 시간은 시대를 넘나드는 송강정 연가의 한 대목이 되었다.

다정한 햇살이 등 뒤에서 잡을 듯 놓을 듯, 솔숲을 내려오는 나를 따라올 듯 멈출 듯 옷깃을 놓치고 만다. 옛 시가와 대조적인 서양의 현대 연가를 그대에게 띄운다.

제5부
상상해 봐요

2017년 정유丁酉년을 맞으며

 새삼스레 생각한다.

하루하루가 같은 날 같기도 하고 나날이 다른 날이기도 하다. 시간이란 과연 무엇일까를 생각하는 일이 매해 연말이다. 왜 사람만이 그렇게 해마다 날마다 또는 매 순간의 의미를 만드는 걸까. 한 해의 매듭을 짓는 마지막 날이다.

가까운 일출 장소로 가보기로 했다. 평소 같으면 자정이 되어서야 잠자리에 들어서 다음 날 자연히 깨어지는 대로 일어난다. 송구영신의 인사말이 오가고 일출의 인상에 대해 떠들썩한 소식들이 뜨게 마련이었다. 병신년을 보내는 마음이야 병신 같이 보낸 사람들이라면 속 시원했을지도 모른다. 그러나 어찌 속이 시원했을까. 사람이란 완전하지 못하고 혼자이지만 혼자 살아가지 않는다. 관계 속에서 서로 얽혀서 살아간다. 다하지 못한 일들이 많다. 마땅히 뒤돌아보아진다.

새 천 년이 시작되는 해를 앞둔 연말 때가 생각난다. 새 밀레니엄을 맞는 행사 소식이 전 세계적으로 떠들썩했다. 그로부터 16년이 지났다.

세상 삶의 형태와 내용이 변화의 물살을 타고 문명의 발달에 따른 신조어들이 생산되는 일도 놀라울 정도였다. 우선 과학의 발달로 인간의 생활이 날로 편리해지고 인간지능이 인공지능과의 대결로까지 나타나서 혼란스럽다. 따라서 인간의 수명도 높아지니 잘 살면 백세를 넘길 수 있게 되었다. 우리 세대의 모델이 된 철학가 김형석 씨, 일본의 유명한 시인이 된 백 세 할머니, 도요다 시타의 이야기는 인간다운 삶의 좋은 본보기로 힘과 용기를 주고 있다.

시작도 없고 끝도 없을 시간이 어느 지점을 통과하는 걸까. 모든 생명은 생성과 소멸의 변화를 거치게 되는 순환의 과정에 놓여 있다. 변하지 않는 것이 있다면 무엇이든지 변하고 있다는 사실, 그것이 진리다. 사람의 삶만은 다른 생명과는 다른 것 같다. 설명할 수 없는 인간의 삶을 다 설명하려고 애쓸 필요는 없을 것 같다. 아무리 연구를 다 해도 인간은 어디서 와서 무엇을 위해 살고 있는가. 인간이란, 나란 과연 무엇이냐. 흔히들 이야기하는 '나는 누구인가'란 사실을 해명하고자 한다. 그래서 하느님을 만든 인간이 아닌가. 조물주가 만들었다는 우주의 질서에서 나는 무엇인가를 언제까지 생각만 할 일은 아니다. 정답을 내릴 수도 없고, 단지 자기의 길은 자기가 만들어 가야 할 뿐이다. 오직 자신만이 자기의 길일 것이다. 같은 길을 가는 동반자들이 있다는 것을 아는 것으로도 따뜻한 온기를 느낀다.

부산에 살던 어릴 때 의미도 모르고 해운대 앞바다로 해맞이하러 다닌 기억이 있다. 단지 드넓은 바다에 불쑥 솟아오르는 해가 보기 좋아서 내게도 생기가 솟았던 것 같다. 어른이 되어서 아이 엄마가 되고 보니 아이들에게 본이 되는 삶이 되고 싶었다. 불혹의 나이가 부끄럽게도 인생의 절정에서 나는 길을 잃고 터널 속에 잠시 갇힌 때도 있었다. 그때 만났던 닭 씨들이 나를 깨워주어서 밝은 세상에 다시 태어난 감격을 누리고 살아왔다. 그것은 닭 씨들과 함께 한 자유를 위한 훈련이었다. 다시 그 의미를 되새기며 한 해를 맞이해볼까 한다.

아침 6시에 일어나게 되었다. 국사봉 전망대 주변은 자동차들이 줄을 서고 있다. 올해는 고병원성 조류 인플루엔자 때문에 모든 장소의 일출 행사를 금지했다고 한다. 그래도 그 장소를 찾아 해맞이를 위해 나온 사람들이 그렇게 많을 줄은 몰랐다. 길가에 차를 세워두고 전망대까지 한참 걸었다. 부모 손을 잡은 꼬마들도 많고 젊은이들은 스마트폰을 검색하면서 해 뜨기를 기다린다.

나이 칠십이면 종심소욕불유구從心所慾不踰矩라 했던가. 백 세 시대를 살아가는 현대에 공자라면 어떤 말을 했을까. 80일 때 저승사자가 데리러 온다면, 아직 갈 때가 멀었다고 한다. 90이면 알아서 갈 테니 보채지 말라고 하던가. 아무튼, 사는 날까지 건강하게 살아야 한다는 것만은 유일한 희망이다. 공자 말대로 70이 넘으니 욕심 부릴 일은 없다. 어떤 일이든 하고 싶은 대로 해도 별로 남에게 거슬리는 일도 없는 것 같다. 자유다. 그냥 자유는 아니다. 일상을 잘 꾸리는 일도 의무처럼 힘들 때도 많지만, 얽매일 것이 없는 삶을 살 수 있다는 것이 보람이라면 보람이다. 마음에 짐을 만들지 않는 것이 자유다. 자유를 누리는 일도 자유스러운 훈련이다. 훈련 없는 자유는 없었다.

평생 책가방 들고 다니는 일이 마치 해내지 못한 숙제인 것처럼 습관이 되었다. 첫 수필집을 낼 때 나는 책머리에 그런 말을 했던 기억이 있다. 아름다운 삶과 조화로운 삶을 제시했던 헬렌 니어링의 말이다. 되새겨 본다. "이 세상에서 정말 가치 있는 것을 얻게 해주고, 사람의 상상력으로는 더 보태거나 더 낫게 할 수 없는 세 가지 습관이 있다. 그것은 일하는 습관, 건강을 관리하는 습과, 공부하는 습관이다."

그랬다. 그 습관이 지금까지 나를 지탱해주었는지도 모른다. 어릴 때부터 들고 다녔던 책가방을 지금도 들고 다닌다. 40대 때 건강의 위기를 넘기면서 건강을 지키는 습관을 길들였다. 많은 일을 할 수 없지만, 내 생활을 스스로 영위하는 일하는 습관이다. 올해는 공부하는 습관을 좁혀야 되겠다는 생각이다. 공부할수록 모르고 더 흥미로운 공부 거리가 많아지지만 욕심내지 않겠다. 과감히 치워야할 것들을 정리하며 가벼운 생활을 해야 한다. 꼭 읽어야 하는 책은 아침 시간에 50페이지는 꼭 읽으리란 것을 다짐한다. 책을 읽는 다는 일은 세계 속에 내가 있으며 많은 사람을 만나는 일이요, 곧 쓴다는 일이기도 하니까. 생명의 순리에 잘 따르는 것은 삶의 의무이다. 자연스럽게 해야 한다.

서서히 동녘 하늘이 밝아지고 산봉우리만 드러난 산 능선이 안개에

덮여서 호수가 몽환적인 모습을 그리고 있다. 닭 씨들의 삶에서 얻었던 소중한 깨달음을 되새기며 새로운 정유년을 맞으며 건강한 삶의 정진을 기대해 본다.

열렬했던 그 여름

일찍이 그림 그리기를 더 잘해 볼걸. 대신에 내가 본 풍경에서 얻은 감동을 글자로 그리기 시작했다. 4권의 수필집을 내는 동안 수록했던 기행수필도 있고, 차茶에세이집인 《나의 차마고도》에서는 차 유적지에 대한 글을 많이 실었다. 나머지 기행수필을 모아서 묶기로 했다.

연일 폭염이 계속되던 한여름, 땀 흘리며 원고를 정리했다. 뜨거운 차로 속을 씻어내기도 했다. 오후 늦은 시각, 산사의 뒷길을 걷기도 하고, 대웅전에 들러 백팔배를 올리기도 했다. 땀을 내며 열을 높이는 일도 시원했다. 어차피 땀에 젖을 바에야 열렬히 젖었다.

어느 날 위봉사에 갔다. 보광명전에서 참배하고 나오다가 노을에 빛나는 마당의 소나무가 가슴에 꽉 차버렸다. 그 소나무가 잘 생겼다는 것은 알고 있던 터. 갑자기 처음 본 나무처럼 감동으로 다가왔다. 전각들의 건축미에 장소가 주는 공간미를 더한 감동에 멍 했다. 소나무를 탑돌이 하듯 천천히 묵상하며 돌았다.

또 한 날 오후에는 금산사에서 그러한 감동을 받은 적도 있다. 보제

루 옆길 큰 마당으로 가던 중 대적광전 쪽을 힐끗 바라 본 순간, 푸른 나뭇잎 사이에서 배롱나무가 하늘에 붉은 빛을 발산하고 있었다. 금산사는 차茶로 인하여 내게 친정집 같은 절이다. 큰 마당에 유서 깊은 잣나무와 사진작가들의 소재였던 고풍스런 감나무는 몇 년 전에 사라졌다. 아직도 미륵전 앞의 산사나무는 오래 전에 〈고목에 핀 꽃〉을 쓰게 된 동기를 주었는데, 반쪽이 된 둥치가 위험해서 옆에 후손을 키우고 있다. 그래도 가지 끝마다 열매를 달고 있다. 미륵전 옆에서 배롱나무가 그토록 아름답게 하늘을 채우고 있는 것을 처음 보았다. 주위에 수형 좋은 배롱나무가 많기는 하지만 어느 시간 어느 공간, 어떤 조명을 받는가에 따라서 느낌이 주는 감동이 이렇게 달라진다. 이날만은 삼층 전각의 지붕선이 배롱나무의 배경이 되는 것 같았다. 거대한 불상 앞에 경배를 하며 이 여름을 감사했다.

있을 때 열렬히 사랑할 일이다. 떠나버린 사랑 뒤에 남는 쓸쓸함을 어찌 감당할 것인가. 여름 열기가 어떤 열매와 가을단풍으로 답할지. 기대보다 사라짐에 대한 그리움을 먼저 앓을 것이다. 그런 쓸쓸함을 달래기 위해서는 폐사지의 빈 들녘이 잘 어울린다. 뜨거움을 열로 치유하듯, 허전함은 폐허에 남은 돌탑의 열기에서 위안을 얻을 일이다.

가끔은 미륵사지에서 "고운 님 보고픈 생각이 나면 황룡사 문 앞으로 달아 오소서" 하던 민사평(1295–1359)의 시를 읊조릴 것이다. 살다 보면 문득 가버린 날들이 못 견디게 그리울 때가 있겠지. 그럴 때면 당간

지주와 외로운 탑 하나 남은 빈 절터로 오라고 했다. '아무 말 말고 황룡사 문 앞으로 찾아오소서. 빙설처럼 고운 그 모습이야 보이지 않겠지만,' 가만히 눈을 감고 그 앞에 서면, 임들의 목소리가 지금도 소곤소곤 들려온단다. 따뜻한 봄 햇살에 종다리들 하늘 꼭대기까지 조잘대며 올라가고, 우리 사랑했던 아름답던 시간들 주춧돌 위에 여태도 남아 반짝인다고. 잊고 있던 사랑의 꿈이 안타까운 날이면, 눈감고 당간 기둥에 기대볼 일이다.

하늘과 맞닿아 있는 탑의 꼭대기를 바라보는 순간 받았던 처음의 전율을 다시 느낄 것이다. 해질녘 노을빛이 탑을 감싸 만드는 아름다운 실루엣이 드리우는 시간, 그보다 더 좋은 마음의 휴식처가 없으리라. 무상과 소멸이라는 화두를 챙기고 침묵의 가르침을 되새기며, 나만의 시간과 공간을 챙길 것이다. 사라지는 것에서 얻는 무한한 세월의 힘을 얻을 수도 있으리라. 나를 잘 챙기는 일이 이웃을 돕는 일이 될 것이기에.

국보 제217호인 겸재 정선의 〈금강산전도〉는 내금강의 모습을 그린 것이다. 전체적으로 원형구도로 위에서 아래로 내려다본 모습이다. 나는 금강산에 가본 적도 없지만, 이 그림에서 금강산의 아름다움 그 이상을 느낄 수 있었다. 정선은 실경산수의 효시이지만, 금강산의 실경을 그렸으되 그의 독특한 주역 사상이 바탕이 되었단다. 낮은 야산과 높은 암산을 좌우로 배치하여 음과 양, 부드러움과 강함이 대비될 수 있게 그렸다. 그럼에도 이 그림을 보면 금강산의 전체 모습이 선명하게 느껴진다. 그것은 정선이 금강산을 생각으로 그리지 않고 골짜기 골짜기를 직접 발로 밟아보고 다녀 봤기 때문이라고 했다. 마치 명장이 목공소에서 깎아놓은 나무를 가져가 조립한 것이 아니라 자신이 직접 나뭇결에 따라 대패질을 한 나무로 집을 지은 것과 같다는 평이다. 이 얼마나 문학적 예술인가! 실제로 본 풍경을 재구성한 것이다.

나의 그림들은 어떻게 그려졌는가. 직접 다녀보고 구석구석 보았다지만, 제대로 본 것인지 모르겠다. 대패질이 너무 서툴러 비뚤어진 그림이 된 것도 많으리라. 내가 쓴 글들은 내가 다시 가볼 수 없는 때, 누워서 그려보는 나의 그림책이 될 것이니 만큼, 부족한대로 마무리하지 않을 수 없었다. 미흡한대로 내가 찍은 사진에는 나만의 추억과 감상이 있기에 회상의 즐거움도 있으리라.

혼돈의 무지개

 여기는 어느 나라의 미술관인가? 잠시 착각이 든다.

서울 지하철 이촌역에서 국립중앙박물관 뜰까지 바로 연결되는 길이 일 년 정도의 공사 끝에 개통되었다. 이촌역 구내에서 박물관까지 이어지는 통로 양 벽면은 전광판에 한국을 대표하는 유물이 상영되고 있다. 전시회는 지하철역에서부터 시작되는 셈이다. 도보 에스칼레이트가 장치되어 가만히 서서 관람하는 동안 박물관 마당 입구까지 스스로 닿는다. 먼 외국에 나들이 온 것 같다. 상설전시장 같기도 하다.

미국미술 300년(Art Across America) 속으로 들어간다. 2013년 2월 5일부터 5월 19일까지 열고 있는 전시회장이다. 지금까지 미국이라면 뉴스를 통하여 정치와 경제면만 듣고 지나쳤다. 6 · 25 이후부터 물밀듯이 들어온 미국문화가 아니었던가. 20대의 청춘 시절을 영미인英美人들과 직장 생활을 했기 때문에 모르면서 아는 듯 미국 문화에 젖어 있었다. 우리나라의 모든 생활과 문화가 미국화한 가운데 있기 때문에 각별하게 생각하지 않고 미국적 생활 방식에 익숙해져 있지 않은가. 조선시대와 일제강점기를 지나면서 우리나라 사람 일부에게는 미국이 자유와 기회의 땅으로 떠올랐다. 한국인의 미국 이민 역사도 벌써 100여 년이나 된다. 그런 미국의 300여 년 간의 역사를 보여 주고 있다. 또한 미국의 역사는 이민의 역사이기도 할 것이다. 그런 북아메리칸의 표정들이 여실하게 드러나 있다.

지난 겨울동안 전북도립미술관에서 17세기부터 19세기에 걸친 현대미술거장전이 열렸다. 현대 미술 경향을 조금 알 수 있는 전시회였던 차에 미국전시회는 같은 시기의 미국적 문화를 이해하는 데 도움이 되었다.

토마스 콜(?-1848)의 인물이 있는 풍경, 〈모히칸 족의 최후〉의 한 장면만으로도 평화롭게 살고 있는 원주민들이 어떻게 사라졌는가를 짐작할 수 있게 한다. 많은 사람들이 마지막 아메리칸 인디언 족장의 연설문을 기억할 것이다. 자연과 하나로 살아갔던 인디언들에게 자연은 누구의 소유물이 아니었다. 자세히 보지 않으면 거대하고 웅혼한 자연 풍경에 압도되어 힘센 정복자에 의하여 피 흘리며 죽어가는 한 쌍의 남녀를 놓치게 된다. 또 하나의 그림. 영국의 청교도들이 이주하여 펜실베니아를 형성하고 정착민들을 설득하는 장면이다. 청교도들이 토착민들에게 성경의 장면을 들어 설명하고 있다. 바로 이사야 11장, '장차 올 평화스러운 왕국'이다. 지상의 천국이라면 그 정도는 되어야 하지 않을까 해서 나도 좋아하는 대목이다. 유럽의 현대 화가들이 이 대목을 천국의 형상으로 그린 대형 작품을 본 적이 있었다. 그들은 하느님도 예수도 모르는 사람들에게 성경 구절을 설명하면서 바로 지금 여기, 자신들이 건설한 이 지역에 평화스런 왕국이 도래한 것이라고 설명하고 있다. 참으로 고소를 머금지 않을 수 없으나 재미있는 그림이었다. 그 외에도 예술의 본고장인 유럽을 여행하고 돌아온 미국 미술가들의 작품, 미국의 인상파 작가들과 현대 설치미술까지 한 눈으로 미국의 역사와 문화가 펼쳐져 있다.

유럽에서 자유와 기회를 찾아온 이민자들의 신세계에서부터 오늘날 세계 질서의 중심에 서기까지 북아메리카대륙 사람들의 다양한 생활이 고스란히 담겨 있다. 말글이나 영화를 통하여 알아온 미국의 역사보다 더 생생하게 다가오는 역사의 특징을 한 눈으로 이해하게 된다. 현대적인 미국 초상화들은 고전적인 아름다움이라기보다는 귀족의 가면을 쓴 듯 보였다. 태평양을 건너 항구에 도착한 이민자들과 영국의 청교도들이 정착민들을 설득하는 장면이 어느 소설보다 적나라하다. 서양미술사에서 많이 들어온 그리스 건축물에서부터 중세를 거쳐 르네상스에 이르는 미술 거장들의 이름에 익숙하였으므로, 미국의 미술가들은 생소했다. 현대에 와서는 모든 미술의 사조들이 해체된 경향이다. 미국의 현대 미술가 잭슨 폴록과 앤디워홀 영향이 커서 뉴욕은 추상과 팝아트의 본고장이 된 것 같다. 이제는 유럽인이 다시 현대 예술을 배우기 위하여 뉴욕을 찾아오게 된다. 피에트 몬드리안도 생의 말년에는 미국으로 건너가서 미국의 정경들을 그의 선과 면의 조형에 담았으며 추상 미술이 발전하는데 일조를 한 것 같다.

'주제가 제일 중요하며, 그 다음이 도구다.' 로버트 라우센버그가 말했다. 어찌 하여 나는 글의 주제도 없이 이 글을 쓰는가. 또한 폴 세잔은 말했다. '우리는 혼돈의 무지개 속에 산다.' 미술 뿐 아니라 현대는 예술 형태가 모두 무너진 혼돈 속에서 무지개를 바라보는 것이 아닐까 하는 생각이 든다. 유행을 선도하는 최첨단의 문명에서 오는 의식주의 생활이 또한 어지러울 정도다. 과연 그런 아름다움을 기조로 해서 어디로 갈 것인가. 이 세계는.

삼중주의 바다

부산에 올 때마다 놀란다. 어렸을 때, 내 기억의 부산, 전쟁의 후유증으로 음산했던 부산의 거리에서 위안이 되었던 것은 영도다리와 송도해수욕장 때문이었지 싶다. 큰 배가 지날 때 다리가 들리는 묘기를 보려고 영도다리까지 걸어갔던 일. 그 진풍경을 보려고 많은 사람이 다리가 오르는 시간에 몰려들었다. 반세기를 넘게 헤쳐 온 지금의 부산은 한국 최대의 항만 도시답게 하늘에 걸린 대교大橋들이 오륙도와 어우러진 바다 풍경을 더욱 아름답게 연출한다.

내가 영도다리 난간에서 미친 듯이 춤추는 시퍼런 물결을 보면서 그때 어떤 생각을 했는지 지금은 가늠할 수가 없다. 끊임없이 출렁이는 파도 소리에서 어떤 말을 들었는지도 모른다. 대양을 헤엄칠 수는 없지만 언젠가는 내 의식의 바다를 헤쳐야 한다고 그때 이미 암시받은 건 아닐까 하고 가끔 생각했다.

바다를 삶의 터전으로 삼았던 사람, '마도로스 박'의 이야기를 들은 적이 있었다. 파란만장했던 43년의 선원 생활을 마친 그는 말했다. 오늘의 대한민국이 있기까지 독일에 파견되었던 간호사와 광부들의 외화는 기억하지만, 선원들이 벌었던 달러는 잘 모른다고. 그랬다. 1960, 70년대 외국 선박회사들은 폐선 위기에 있던 선박에 다시 페인트칠하고 고쳐서 승선할 수 있게 하는 한국 선원의 성실함을 인정했단다. 해외 송출선원들이 벌어들였던 달러가 독일에서 벌어왔던 것보다 훨씬 많았다고 한다. 그들도 한국의 경제 성장에 일역했다고 자부한다면서 기억해달라고 했다. 부두마다 빌딩처럼 높이 쌓여 있는 컨테이너들이 가득한 부산항만 보더라도 초기 선원들의 노력이 바탕이 되었다는 것을 짐작할 수 있다.

풍부한 해산물이 넘치는 자갈치 시장. 우리 자매들은 부산에 올 때마다 작은언니의 배려로 어디서도 맛볼 수 없는 바다의 맛을 보게 된다. 옛날에 어머니는 입맛이 없을 때 멍게를 먹으면 입맛이 돌아온다고 했다. 몸살이 나서 입맛이 없을 때 나도 부산에서 보내온 멍게를 먹고 생기를 얻었던 적이 있었다. 70년대만 해도 전주에서는 싱싱한 해산물을 만나기가 쉽지 않았다. 지금은 어디서나 멍게뿐 아니라 국적 모르는 해산물도 많아서 잘 살펴야 할 지경이다. 원양어업과 수산업이 발달했기 때문이다.

바다의 뿌리가 뽑혀나간 서해의 뻘밭은 황량한 사막 같았다. 위험을 무릅쓰고 꿈틀거리거나 퍼덕거리는 생명도 보이지 않았다. 〈율포의 기억〉이란 시가 떠올랐다. "일찍이 어머니가 나를 바다에 데려간 것은/ 저

무위無爲한 해조음을 들려주기 위해서가 아니었다./ 물 위에 집을 짓는 새들과/ 각혈하듯 노을을 내뿜는 포구를 배경으로/ 성자처럼 뻘밭에 고개를 숙이고/ 먹이를 건지는/ 슬프고 경건한 손을 보여 주기 위해서였다." 해안에 바닷물을 가둔 밭에는 가래를 들고 서서 기도하는 성자도 있었다. 바닷물의 3%라는 보석을 거두어 모으는 성자다. 그의 등을 물들이는 핏빛 노을은 그 자체로 시詩였다.

바닷가 모래톱에서 놀거나, 수평선 넘어 무위의 꿈을 줍고 있을 동안, 서해의 갯벌에서는 먹이를 캐거나 새하얀 보석을 만드는 성자들이 살고 있다는 것을 나는 몰랐다. 그래서 누군가는 서해 바닷가에 서면 너무나도 문학적인 갯벌의 냄새를 맡는다고 했던가. 멀리 새만금방조제 안으로 죽어가는 개펄을 바라볼 때마다 어린 날의 바다 풍경이 어른거렸다.

군산에서 부안까지 이어지는 새만금방조제가 완공되어서 신시도와 야미도를 탐방했다. 신시도 주봉까지 오르는 길은 절리節理로 이루어진 바위산을 올라야 한다. 정상에 올라 일망무제로 펼쳐지는 고군산군도를 한눈에 내려다보며 생각했다. 범선 시대 신대륙을 찾아 바닷길을 열었던 세기의 해양 탐험가들. 고대부터 대양을 헤치며 장사하던 뱃사람들과 전설이 된 바위 이름, '애기벤여자찡겨죽은바오'를. 어찌하여 바위 이름이 그렇게 붙여졌던가. 서해 바닷가를 다니면서 비로소 성자들의 삶을 알게 되었다. 이름만으로도 소박한 해안 여자들의 고단한 생활도 엿볼 수가 있었다. 임부들도 아기를 낳을 때까지 매일 고기잡이나 조개를 캐러 나가야 했다. 오죽하면 바위틈에 찡겨 죽었을까. 성자들의 순교지가 따로 없었다. 우리가 사는 땅도 바다에 의지한 거대한 섬이었다.

일상의 고단함을 잊기 위해서 우리가 가끔 바다를 찾듯이 해양이 삶의 터전인 사람은 바다에서 뭍으로 가족을 만나러 다녔다. 망망대해에서 무섭게 출렁대는 파도와 싸웠던 일생의 이야기는 육지의 인생 항로와는 비교할 수 없으리만치 외롭고 힘든 상황이었다. "뱃사람으로서는 도시나 촌락은 마치 행인이 거리 모퉁이에서 보게 되는 집과 같은 것에 불과하다. 뱃사람은 다만 지나칠 뿐, 그 추억만을 지니고 떠난다." 뭍에 사는 사람이야말로 힐끗 바라본 바다의 추억을 간직할 뿐이다. '인생이 허기지면 바다로 가라'고 했던 어느 소설가의 말은 그들에게는 너무 허기진 낭만적인 말이었다.

멀리서 바라보는 바다는 충분한 로망의 대상이다. 생명의 원천이 바다였고 우리의 인생길이 바다로부터 걸어 나왔기 때문일까. 겨우 바닷가에서 파도의 언어를 줍고, 일몰의 장엄함을 망연히 서서 바라볼 뿐, 인생의 허기를 채울 수나 있었던가. 우연히 안전한 배를 타고 어느 바다를 건너보았을 뿐이며, 해변의 바닷물에 젖어보았다고 어찌 바다를 속속들이 알 수 있을까. 시작도 끝도 알 수 없는 사랑의 물줄기, 시냇물이 강에 모였다가 흐르고 흘러와 닿은 바다. 그리움의 바다는 다시 육지로 올라오기 마련이다. 바다의 언어, 앞선 파도는 뒤의 파도를 위로하고 껴안으며 철썩인다. 끊임없이 뭍을 향해서. 바다에 둘러싸인 지구가 그렇듯 우리 몸의 70%도 물이다. 지구의 자궁, 어머니를 그리듯 늘 바다를 동경하지만, 무섭도록 경이롭기만 한 바다를 말할 수 없듯 어찌 인생을 다 말할 수 있으랴!

나의 항해는 어디까지 와 있을까. 어렸을 때 남해에서 파도타기 연습을 하며 꿈을 그렸고, 청년기에는 동해의 찬란한 물결을 바라며 희망과 이상을 키웠다면, 서해에서는 삶을 배웠다고 할까? 바다에서 걸어 나온 생명이 산 넘고 물 건너 들녘을 헤매며 무엇을 얼마나 실현하며 살아왔는지. 해불양수海不讓水를 바라며 사회에도 꼭 필요한 성자의 소금이 될 때까지 뜨거운 태양 아래서 기도해 봤던가.

삼면의 바다가 키웠던 나는 삼중주의 바다 음표가 놀이하는 무대였다. 바다에서 나온 땅, 물과 햇빛, 바람이 키워낸 생명 파노라마의 일점. 뭇 생명의 역동적인 조화가 빚어낸 이상理想, 생명의 춤을 추는 바다가 그렇듯 내 안에도 바다의 울림이 있다. 휘트먼의 시詩처럼 나도 '끊임없이 흔들거리는' 사랑의 요람으로부터 흔들려 왔다. 어디에서 멈출지 모르는 내 요람에서 나만이 듣고 읽어내야 하는 나의 해조음이 우주 교향악의 한 음표라도 될까.

하얀 발자국

갈림길에서 만난 빈 벤치가 반갑다. 지난 일주일가량 연일 한파가 몰아치고 눈도 많이 내렸다. 보도로는 세계적인 추위란다. 곳곳에 눈 사고도 잦았다. 저체온증으로 생명을 잃은 노약자도 많았다. 그렇게 추운 날에 바다나 산과 들, 밖에서 노동해야 하는 사람들은 얼마나 힘들었을까. 외출을 삼가라는 말대로 나는 주말에 집에만 있었다. 베란다의 물통의 물이 얼고 화분 받침대의 물도 얼었다. 집 주위를 돌거나 실내 계단 걷기로 운동을 대신하기도 했다. 소나무 숲속에서 건너편 산 너머의 풍경을 바라볼 수 있는 이 시간이 얼마나 축복인가. 먼 길에서 자동차들의 소음도 정답게 들린다.

다시 걷는다. 만덕정으로 내려가는 길을 제치고 마제봉 정상으로 가는 능선 길을 편안하게 걸어본다. 소나무에서 가끔 떨어지는 눈가루가 나에게 말이라도 걸어오는 듯하다. 날이 추운 뒤에라야 소나무가 푸른 것을 안다지만 겨울의 소나무 잎은 힘들어 보인다. 잎에 쌓인 적설이 솜뭉치처럼 따뜻하게 보인다. 둥치의 옆구리에서 두꺼운 껍질을 뚫고 나온 바늘잎이 날카롭다. 바늘 끝에서 상큼한 정기를 느낀다.

건너편 계곡으로 방향을 바꾸기로 한다. 낯선 길의 발자국에서 온기마저 느껴진다. 서산대사의 시를 떠올린다. 눈 내린 들판을 걸을 때는 그 발걸음을 어지러이 걷지 말라. 오늘 걸어가는 나의 발자국은 뒤에 오는 사람의 이정표가 되리니. (답설야중거踏雪野中去 불수호란행不須胡亂行 금일아행적今日我行跡 수작후인정遂作後人程)

사람은 때때로 외로운 시간이 필요하다. 골이 진 계곡의 작은 나무다리를 건너서 산능선으로 오른다. 산마루에 오르면 체육공원으로 내려가는 길이 있을 것 같았다. 말 그대로 앞선 발자국이 이정표이니까 안심이다. 오히려 조용한 산길을 누군가와 같이 걷는 것 같다. 혼자이지만 숲에 오면 함께 있는 풍성함이 있다. 홀로이지만 함께하는 행복이 있다. 시장기를 느껴야 밥맛이 좋듯이 외로운 시간은 오롯한 행복을 맛볼 수 있는 시장기 같은 것일 터. 숲의 나무가 그렇듯 나도 한 그루의 나무처럼 숲 일부분이 된다.

비탈길을 숨 가쁘게 올랐다. 등으로 느껴지는 후끈한 열로 이마에 땀이 솟는다. 발자국이 많이 난 걸 보면 이쪽으로도 벌써 다녀간 사람이 많다. 마침 마루에 올랐는데 건너편으로 내려가는 길은 없었다. 가파른 경사여서 철망을 쳐놓았다. 봉우리 쪽으로 오르는 길만 보인다. 모퉁이만 돌아보면 어떤 길이 나올까 기대와 호기심이 인다. 정상 밑 마루에 오르니 오랜만에 벤치 하나가 외로이 나를 맞이한다. 땀을 식히며 숨을 골랐다. 건너편 마을과 먼 산이 눈 아래로 펼쳐진다. 겨울 나목들도 빈 몸으로 시장기를 달래고 있는지, 마른 가지에 햇살이 다복하다.

벌써 한 시간 남짓 걸은 것 같다. 이 정도면 꽤 많이 걸었다. 정상을 돌아 내려가면 틀림없이 저수지 길로 이어질 것 같지만, 시간으로 보나 힘으로 보나 그만 해야 할 것 같다. 오던 길로 내려가는 길은 재미 없지만, 또 오르면서 몰랐던 풍경을 보리니, 내려가기로 했다. 해는 아직 많이 남아 있고 오던 길이라 쉽다. 더 높이 오르고 싶은 마음과 새 길을 탐색하는 분주한 마음마저 내려놓으니 오히려 한가롭다. 무슨 일이든 하다 보면 더 많이 하고 싶고 더 잘하고 싶은 마음이 드는 법이다. 이런 욕망의 부스러기가 삶의 성취보다 상처를 만들기 쉬운 때가 아닌가 싶다.

내 인생길도 내려가는 여정에 놓여 있다. 하지만 생이 있는 동안 배움은 끝이 없기에 마무리의 방법도 익히면서 할 일이다. 내 남은 생이 얼마일지를 생각하면 조급함이 일어 괜스레 마음만 바빠지는 때가 잦다. 어떤 작은 길이든 새로운 통로를 여는 길로 만들고 싶다. 내 삶의 발자취가 뒤에 오는 어떤 이에게는 안도의 발자국이 될 수도 있을 터인즉.

오를 때 스친 작은 봉우리가 옆으로 나 있다. 작은 동산이지만 편편한 봉우리의 좋은 소나무와 나란히 동무하고 싶다. 아무 발자국도 없는 새하얀 평원이다. 신천지를 개척하는 즐거움이 이런 거와 비슷하리라. 쌓인 눈에 발등과 발목까지 푹푹 빠진다. 키 큰 소나무가 반갑다고 잎을 나부낀다. 다섯 무덤이 옹기종기 모여서 일가족같이 보인다. 곁의 소나무가 무덤을 든든히 지키고 있다. 무덤 아래쪽으로 내려가면 만덕정 방향인데, 살펴보니 가파른 절벽이다. 들어온 길 입구까지 되돌아 나와서 숨을 고른다. 자유로운 영혼의 아늑함이라니! 일상과 호기심을 사랑할 일, 그리고 좋은 마무리가 있을 뿐.

아차! 마지막 벤치에 와서야 깔개를 놓고 왔다는 것을 알았다. 5분도 걸리지 않았던 시간인데 되돌아가는 시간은 몹시 길고 힘들었다. 걸어왔던 인생길에서도 얼마나 많은 실수와 놓친 것들이 많았을까. 헛걸음과 뒷걸음을 반복하며 앞으로 나가기도 했으리라. 계곡물이 흐르다가 여울도 만나고 바위틈을 비집고 빠져나가 편안한 소에서 쉬기도 하면서 다음을 준비했듯이.

앞선 발자취를 따라가다가 새로운 길도 열 수가 있었지 싶다. 앞의 발자국을 그대로 답습만 하려 들지 않는 것이 또한 사람의 길이다. 누구도 밟지 않았던 길의 모험을 감당하는 일은 지루한 일상을 감당하는 동력이 된다. 살면서 남긴 내 발자취는 누군가의 눈길이라도 될 만한 것이 있을까. 발자국을 내준 앞 사람에게 고마운 마음으로 가보지 않았던 새로운 길도 밟을 수가 있었다. 다음 사람의 이정표가 될 만한 발자국이 아니라면 함부로 만들지는 말 일이다.

가볍다. 평지에 내려오니 그 어지러운 흙탕길도 즐겁다. 세상사는 사람들이 걷고 있는 길, 저녁 찬을 준비하려는 마을 사람들의 발자국이 마트로 이어지고 있다. 나도 마을 사람들 따라 그쪽으로 발길이 돌려진다.

상상해 봐요(IMAGINE)

존 레넌(John Lennon)의 음악을 다시 듣는다. 유튜브로 스마트폰에서 언제라도 손쉽게 들을 수 있다. 엘비스 프레슬리가 미국의 국보라면 존 래넌은 영국의 국보일 만큼 팝 아티스트로서 신화적인 인물이 된 사람이다. 그 시절, 60년대에 반전운동가로, 사상가로 그는 일본인 부인과 함께 전 유럽을 돌며 열렬하게 베트남 반전운동을 폈다. 그가 얼마나 극단적 사상으로 사람들의 폐부를 흔들었던가. 그래서 인생의 정점에서 요절할 수밖에 없었는지도 모른다.

우리 세대의 청춘을 뒤흔들었던 비틀즈의 리더 멤버였던 존 레넌, 대중음악에 있어 비틀즈의 위상은 예나 지금이나 가히 절대적인 것 같다. 존 레넌은 단순히 뮤지션의 영역을 넘어 기존 전통과 인습을 해체하려는 실험적, 자유주의적 젊은이들에게 문화적, 메시아적인 존재였기에 젊은이들의 우상이었다. 레너드 번스타인은 "존 레넌의 음악은 브람스나 베토벤, 바흐의 작품처럼 오래도록 남을 것이다."라고 말했다. 유튜브의 조회 수가 수천만 명에 육박하고 구독자도 상상 이외로 많다. 예전에는 노래만 좋아했지만, 지금은 그 가사의 내용이 가슴에 사무칠 정도이다.

2002년, 노무현 전 대통령의 후보시절, 그는 텔레비전 화면에서 기타를 치면서 존 래넌의 〈상상해 봐요〉를 노래했다. 눈물방울을 주르륵 흘렸던 그 영상광고는 우리의 감성을 파고들기에 충분한 효과를 냈다. 그도 분명 존 레넌이 상상했던 세상을 꿈꾸었다. 그러나 현실적으로 세계의 정세는 복잡해지고 있었다. 2003년, 마침내 미국 연합군은 이라크를 침공하였다. 당시의 이라크는 8년간의 이란과의 전쟁을 끝내고 내전이 심각한 때였다. 사담 후세인의 장기간 독재로 인한 나라 안의 분위기는 극악한 상태였다. 미국은 이라크, 이란과 북한을 세계평화를 방해하는 악의 축이라고 말했던 것 같다. 일명 각국의 이익을 둘러싼 석유 전쟁이라고 일컫기도 했던가. 국제정세를 말할 입장은 못 되지만, 분명한 것은 세계평화를 위한 명분이라도 폭력은 또 다른 폭력의 씨앗을 만든다는 것이다. 수많은 인명 피해와 고대 문화유적들이 사라지는 장면은 안타까웠다. 그리고 불타는 바그다드의 화면을 보면서 미래의 우리 자화상이 될지도 모른다는 무서운 생각까지 들었다.

남북한의 관계도 마찬가지가 아닌가. 바그다드가 화염에 불타는 것을 보면서 우려했던 상상이 지금 우리의 현실 앞에 놓인 것 같다. 북한의 김정은은 핵실험을 연속하며 엄포를 놓고 있고, 미국도 대대적인 준비태세를 갖추고 시위를 하고 있다. 한국의 입장은 그 사이에서 줄타기

기술이라도 고도로 높여야 할까. 누구든 자국의 이익만을 생각한다면 좋은 해답이 나올 리가 없을 텐데, 어디까지 가게 될지 생각하면 두려울 뿐이다. 이 땅에서 다시는 전쟁은 없어야 한다.

존 레넌은 일본인 전위예술가인 오노 요코와 운명적인 사랑으로 비틀즈를 탈퇴하고, 그들 부부가 상상하던 세계를 그려본 노래가 〈IMAGINE〉이었다. 1971년의 작품이었다. 그 뒤로 지금까지 불후의 명곡이 되었다. 번스타인의 말처럼 앞으로도 진정한 세계의 평화가 이루어질 때까지 그럴 것이다.

> "Imagine there's no countries 국가 같은 건 없다고 상상해 봐요.
> It isn't hard to do 그다지 어렵지 않을 거예요.
> Nothing to kill or die for 누군가를 죽이지도 않고, 무언가를 위해 죽을 일도 없다고.
> No religion too 종교마저 없다고.
> Imagine all the people 상상해 봐요. 그대, 모든 사람이
> Living life in peace… you… 평화 속에서 살아가는 걸 꿈꿔 봐요."
> "상상해 봐요. 벽이 무너진 하나의 세계를!"

국가라는 경계가 없다면 나라를 위해 죽을 것도 없고, 신념을 위해 몸을 바쳐 죽을 일도 없다. 국가가 없다면 대통령도 없다. 신분의 높낮이도 없다. 모두가 평등하게 깨어난 의식을 지닌다면 그럴 일이 없을 것이

다. 이웃은 미워할 대상도 아니고, 더욱 침범할 대상이 아닌, 또 다른 나의 모습일 테다. 지구를 축소해서 한 마을로 생각해 본다면, 한 가족으로 가까이서 느낄 수 있다면…. 사실 지구를 보십시오. 경계가 어디 있습니까.

하나의 지구촌에서 자연의 순리에 따르고자 노력해도 힘이 모자라고 할 일이 많건만, 전쟁 준비에 모든 총력을 기울이고 있다니 통탄할 노릇이다. 사람의 손이 닿지 않은 원시림을 지나고 비무장지대의 군사분계선을 넘어서, 아름답기만 한 한탄강은 지금도 도도히 남으로 흘러내린다. 마침내 임진강과 합류하고 하나의 물줄기를 이룬다. 사람이 그려놓은 지도에는 경계선이 있지만, 지구상 그 어디에도 땅과 땅 사이, 바다와 바다 사이에 경계선은 없다. 새들은 자유로이 어디든 날아다니지 않는가. 단지 사람들이 관념 속에서만 경계를 그려놓고 있다. 어쩌면 수많은 나라가 지금까지 자국의 이익만을 위한 잣대로 그런 폭력을 합리화할 수 있는 근거를 마련해 왔기 때문인지도 모른다. 그것은 개인이 지닌 가짐에서 비롯되었고 사회의 욕망이었다. 침략의 행위는 우리 개개인 안에 숨겨진 극단적인 이중성과 이기심, 소유와 탐욕의 모습이 아닐까 싶다. 화염 속에 태워야 할 것은 우리의 요망스러운 마음일지도 모른다. 그래서 인간에게 지적知的 혁명이 필요하다고 고대로부터 성현과 철학자들은 외쳐왔다.

세월이 흘렀지만, 아직도 하나의 세계를 꿈꾸는 노래는 강물같이 우리 곁에 여전히 흐르고 있다. 세계 곳곳에서 오랫동안 꿈꾸고 노래한 사람이 있었기에 자신의 삶을 통하여 그런 세상을 만들어가는 사람도 늘고 있는 것 같다. 노래와 구호만을 내건 것이 아닌 구체적으로 실현해가는 삶의 현장이 있다는 것은 참으로 고무적이다. 미미하지만, '전인全人행복운동'이란 '조용한 사랑의 혁명'을 추구하는 사람들과 한때 교류하여 마음을 함께 할 수 있었던 체험은 내 생애의 보람이었다.

존 레넌은 그렇게 요절하였지만, 오노 요코는 그들이 바라던 세계를 위하여 예술을 통한 활동을 계속했다. 그는 노래 속에 영원히 살아서 오늘도 우리를 꿈꾸게 한다. 존 레넌 부부와 이상향을 실현하는 사람이 정말 그립다.

> "You may say I'm a dreamer 나를 몽상가라고 하시겠지요.
> But I'm not the only one 하지만 나 혼자만 그런 게 아녜요
> I hope someday you'll join us 그대 언젠가 우리와 함께하길 바래요
> And the world will be one 그러면 온 세상이 하나가 될 거예요."

마침내 2018년 2월 9일, 평창동계올림픽의 개막식이 열렸다. 행동하는 평화를 상징하는 퍼포먼스의 공연은 감동적이었다. 한국 가수 4명이 평화를 상징하는 노래 이 〈IMAGINE〉을 리메이크하여 불렀다. 전 세계에서 92개국이 참가하였는데, 참으로 어울리는 노래였다. 남북공동선수단이 한반도기를 들고 공동 입장하는 장면은 11년만이었지만, 가슴이 뭉

클했다. 단지 일회적인, 보여주기 위한 행사에 그치지 않고 평화를 위한 행동하는 노력이 계속 이어지기를 소망한다.

제6부
오월 애愛

매화 트던 때

남녘에서 매화 소식이 귀를 간질이는데, 그미는 오지 않았다. 지난가을부터 병실에 갇혀서 일어나지 못했다. 마지막 그를 본 게 지난 설날 전날 중환자실에서였다. 말도 제대로 못 하고 온몸에 달고 있는 각종 줄들이 그를 옭아매고 있었다. 눈물 어린 눈빛과 입 모양으로 겨우 의사소통을 하고 쓸쓸히 뒤돌아 나왔다. 과연 그 병실에서 걸어 나올 수 있겠는가?

매경한고발청향梅經寒苦發淸香이라 했던가. 납월매가 유난히 춥던 겨울의 고통을 이겨내고 꽃망울을 터뜨린다. 찬바람에 홍매화 꽃잎이 화사하게 향기를 뿜어내고 있었다. 긴 겨울의 추위 동안 안으로 꼭꼭 청향을 쟁였던가 보다. 매화 향이 병실에까지 날아갈 수 있다면 얼마나 좋을까. 애절한 마음으로 빌어 보았다.

다음에 부산에 갈 때 오마 했던 동생은 끝내 올 수 없었다. 비보를 받은 날은 하늘이 찌뿌둥하고 저녁부터 바람이 세차게 불었다. 꽃샘추위였다. 다음날 아침에 창밖을 보니 온 산과 나무들이 소복을 두껍게 입고 있는 것이 아닌가. 생경한 봄 설경에 오히려 아린 마음이 앞섰다. 아무리 두꺼운 흰옷이지만, 눈바람 속에서 봄이 오고 있었다. 오전에 내리던 눈발은 오후에는 비가 되어 뿌렸다. 하늘 길에서 가다 멈추고 머뭇거리며 나머지 못다 한 이야기를 그렇게 쏟아내는가. 눈발과 빗속에서 내내 동생의 영혼 길에 동참하고 있었다. 발인 날은 아침부터 햇살이 산뜻하게 내리비쳤다. 동생은 그렇게 마음을 정리하고 떠날 수 있게 되었구나 하고 안도하는 마음이 들었다. 애통하지만, 우리도 그렇게 밝게 보냈다.

세상 떠나는 날은 나이대로도 아니며 누가 먼저일지도 모른다. 오 형제 중에 끝은 남동생이고, 우리 네 자매 중에서 여동생으로서 막내인 셈이다. 나는 셋째여서 언제나 그냥 실려 다녔다. 위 언니 둘과는 약간의 세대 차가 있었고, 고향 사람들과의 연락도 주고받는 사이였지만, 나와 동생은 늘 언니들 이야기에서는 해설이 필요했다. 그럴 때마다 동생은 나에게 '언니, 우리는 외계인 같지?'라는 말을 했다. 전국을 유람한 뒤 마지막 장소인 전주에 나를 떨어뜨려 놓고 가니 내가 더욱 외계인으로 살았던 셈이었다. 그러더니 끝내 진짜 외계로 먼저 떠나고 말았다.

매화가 피기 시작하더니 산수유 꽃 폭죽을 터트리고, 하얀 목련이 탐스러운 봉오리를 벌리는가 하면 개나리 가지가 언덕에서 손짓한다. 강가에서 눈록嫩綠 버들가지 실실이 하늘거리고, 벚나무가 꽃구름을 이루는 이런 봄날, 우리 자매가 함께 꽃동네를 찾아다닐 때이건만, 애틋하게 보고픈데 같이 할 수가 없다니!

인봉간난현기절人逢艱難顯其節이란 말이 더욱 가슴에 절절히 와 닿는다. 매화가 그렇듯이 사람도 모진 고통을 겪어낸 뒤에야 좋은 철이 드러난다는 말이지만, 사람은 끝까지 이겨내지 못하는 역경에 맞닥뜨리게 된다, 한번 가면 다시 오지 못한다. 형태 있는 것은 그 무엇이건 아무리 노력해도 언젠가는 결국 사라지게 마련인 것을.

오 형제 중에서 동생 둘이는 6 · 25 수난의 역사를 힘겹게 지낸 어머니의 고난을 가장 많이 함께했다. 9 · 28 서울 수복 때 아버지 따라 개성까지 올라갔다가 1 · 4 후퇴 때 도로 부산으로 내려왔으니 어머니의 입장에서는 통탄할 노릇이었다. 맨몸으로 되돌아오는 동안 어머니는 막내아들을 임신 중이었고 동생은 어머니 등에 업혀서 피난 아닌 피난살이를 겪었다. 어머니가 폐결핵을 얻어서 요양 생활을 하는 동안 따뜻한 돌봄을 못 받은 탓으로, 늘 애어른으로 살았다는 푸념을 했던 동생이었다. 나는 학업 때문에 자주 객지로 떠돌았으니…. 내가 먼저 대학을 졸업한 뒤 직장을 얻고 동생을 대학에 인도하기도 하여 우리는 가장 가깝게 속살 이야기도 나누던 사이였다. 엉뚱하게도 전주로 시집와서 어려웠던 젊은 시절에는 동생 집에도 자주 드나들었다. 자식들이 다 성가한 뒤에는 네 자매가 자주 모여 여행하면서 지난 이야기들을 엮어가던 중이었다. 우리 형제들은 한 집에 모여서 옥신각신 살지를 못했기에 모이기만 하면 각자 이야기를 퍼즐 맞추듯이 했다. 못다 이은 이야기들이 아직 많은데 그 줄거리 끈 하나가 떨어져 나가버렸다.

사람의 약속은 이렇게 알 수가 없다. 다시 오겠다는 동생은 오지 않았지만, 언젠가 우리를 데리러 올 것이란 약속 아닌 큰 약속을 한 것이 아닌가? 우리도 그 길을 향해서 가고 있다는 것을 분명하게 일러주었다. 관념으로 알고 있던 진리가, 반드시 누구도 예외가 없다는 깨달음으로 사실과 진실로 다가온다. 이것이 바로 대신불약大信不約이라는 말의 뜻이리라. 큰 믿음은 약속을 하지 않지만, 반드시 지킨다. 자연은 약속하지 않지만 어김이 없다는 뜻이다. 매섭던 겨울바람 속에서도 매화는 아프게 꽃망울을 피워내지 않았는가. 언제 어느 날 필 것이란 약속은 하지 않았지만, 그때가 되면 봄이 오고 이렇게 꽃피는 4월의 만화방창한 세상을 여는 것이 아닌가. 그리고 또 때가 되면…….

큰언니 꿈에 동생이 떠나던 날 어머니가 동생을 이끌고 가는 것 같은 꿈을 꾸었다더니. 그래 어머니를 만나서 원망도 풀어놓고 다시 어리광도 맘껏 피워보면 좋겠구나.

그랬다. 더 큰 약속과 믿음을 동생은 우리에게 일깨워주고 간 것이다. 이 엄연한 대자연의 법칙 안에서 넉넉한 마음으로 자유롭게 살다가 아름다운 마무리하고 오라고. 그미의 죽음은 곧 나의 죽음 같아 새로 태어난 기분으로 처음 보는 봄을 맞는다. 엊그제 활짝 피었던 옥 같은 매화는 오늘 비바람에 처량하게 부서지겠다.

오월 애愛

어지러웠던 4월의 꽃바람은 오월의 푸른 바람으로 왔다. 5월의 선물, 수수꽃다리 향기가 차 안에 가득하여 코끝이 간지러웠다. 가슴에 고이는 연보랏빛 물감을 캔버스에 그대로 풀어놓을 수 있으면 아름다운 그림이 될 것 같았다.

언덕을 넘는 고갯길에서 여대생들이 손짓하여 그들을 태웠다. 뒷자리에서 그들이 조잘대는 이야기 소리가 마치 참새들이 수수를 따먹는 소리 같이 즐겁게 들렸다. 처녀들의 얼굴을 보며, 나도 저런 시절이 있었는데…. 입안에서 혼잣말로 "아, 꽃 같은 나이로다."하니, 그 아이들도 "아직도 꽃 같으신데요?"라고 화답해주었다. 젖은 시선 안으로 들어오는 오월의 언덕은 화선지에 번져나가는 봄빛 수채화였다. 눈시울이 적셔진 것은 돌아오지 않을 청춘이 그리워서가 아니었다. '금방 찬물로 세수를 한 스물한 살 청신한 얼굴'과 오월이 짙어가는 언덕길을 대비하면서 신록의 경이를 사모하는 마음이 간절해서인지도 몰랐다. 사무엘 울만은 말했다. 청춘이란 인생의 어느 기간을 말하는 것이 아니라 마음의 상태를 말한다고.

오월은 딸기가 끝나는 달이요, 갖가지 채소 열매가 익어가는 달이다. 이제 풋열매들은 자연의 감성을 잃었다. 그래도 여전히 모란의 달이요, 라일락 향기 퍼지는 달이다. 나의 오월을 더듬어보았다. 미망의 청춘을 접고 결혼의 문으로 들어갔던 달이요, 많은 5월을 잃었고 깊은 산 속의 미로를 헤매기도 했다. 길 아닌 험한 가시덤불을 헤치고 지름길로 오른 산 정상에서 만났던 먼지와 다를 바 없는 '나'와 티끌 같은 세상. 마음의 청춘으로 다시 본 실상實相의 세상, 귀한 또 다른 '나'와 '나'들과 그토록 향기로웠던 오월. 잃었던 옛 오월들도 한꺼번에 몰려왔다. 주체할 수 없을 정도로 벅차기도 했다. 내 언제 나이를 세고 살았던가. 사무엘의 말처럼 "가슴속에 간직할 수 있는 것이 경이에의 애모, 하늘의 별들 그리고 빛나는 사물과 사상에 대한 흠앙欽仰, 앞에 가로놓인 일에 대한 불굴의 도전, 어린아이 같은 끊임없는 탐구심, 인생에 대한 환희와 흥미." 이런 것들을 잃지 않는다면 청춘이라 했다. 세월이 사람을 늙게 하는 것이 아니라 마음에 이상을 잃을 때 늙는다고 했다.

봄마다 색나른 봄. 젊었을 때 알지 못했던 봄이 지났고, 또 지난다. 마음과 정신은 언제나 청춘이라지만, 정신의 그릇인 몸이 닳아 가고 있는 것을 어쩌랴! 하지만, 이번 5월은 다시 새로운 희망의 가지 하나가 옹이진 옆구리에서 뻗어 나오는 것 같아 가슴이 부풀고 있다.

변덕스러운 4월의 봄바람은 마침내 분단된 한반도에도 불기 시작했다. 2018년 평창동계올림픽에서 시작한 봄기운은 4월 27일 남북정상회담에서 피어났다. 봄바람에 들뜨기 시작한 흥분은 한반도의 평화에 대한 기대감을 불러일으켰다. 4 · 27 판문점 선언에서 6 · 12 북미정상회담과 6 · 13 지방선거까지. 우리는 반전에 반전을 거듭하는 드라마보다 더 드라마틱하게 연출하는 북미정상회담의 역사적 장면을 조심스럽게 지켜보았다. 드디어 극적인 '세기의 악수', 북한의 김정은과 미국의 트럼프 대통령의 회담을 드라마 정점의 한 장면에 초점을 맞추듯 가슴 조이며 주시했다.

살아 있을 때 우리 자매들은 개성에 다시 가볼 수 있을까? 한국전쟁, 9 · 28 수복 무렵 온 가족이 부산에서 개성으로 올라갔다. 어처구니없게도 중공군 개입으로 후퇴하게 되어 되돌아오는 동안, 우리 어머니는 치명적인 생의 고난을 겪었다. 언니들께 물었다 "땅속에 묻은 김장독은 그대로 유물이 되었을까? 김장 뒤에 남은 양념을 가지고 내려오면서 끼니의 반찬으로 사용했다. 그 당시 무슨 밀폐 용기가 있었던가. 작은 항아리 채로 머리에 이고 개성에서 밤낮을 가리지 않고 이틀 동안 걸었다. 밤이면 피난 떠난 빈집의 헛간에서 웅크리고 지내기도 했단다. 어떤 기차역에서인가 뚜껑 없는 기차 칸에 겨우 올라타고 다시 이틀 걸려서 서울에 도착하였다. 길에서 팥죽을 끓이는 광경을 보았기에 동지 무렵 서울을 떠난 기차는 부산까지 열흘 가량 걸렸다. 추풍령 고개에서 기차는 다시 멈추었다. 아버지는 마을에 내려가서 쌀을 구하고, 큰언니는 수통에 물을 받아왔단다. 기찻길 언덕에서 항고(군용 밥통)에 밥을 지었고, 김장 양념으로 비벼 먹은 햅쌀밥의 맛은 말로는 할 수 없었다고 큰언니는 회상했다. 두어 달 동안 살았던 개성의 기억과 피난길을 항상 떠올리는데, 북한에 고향을 둔 실향민들과 이산가족들은 얼마나 애태우며 살았겠는가.

기백이 항상 당당했던 그분은 청년 시절에 함경도에서 내려와서 남한에서 가정을 이루었다. 국군에 참여하여 장군까지 되었다. 퇴직 뒤, 90세가 넘어서 치매가 왔다. 그런데 북녘 고향에서 지냈던 청년 시절까지의 기억만 되살리고, 남한에서 살았던 부인과 자녀들을 전혀 알아보지 못했다. 얼마나 사무쳤으면 가정을 이루고 살았던 남한에서의 삶을 송두리째 놓치고 말았을까. 아직도 이산의 아픔과 증오를 치유해야 할 세대가 많이 남았다. 그들의 꿈과 민족의 소원이 이루어질 날이 머지않은 것 같은데…….

남북정상회담 때 김정은이 말했다. '평양에서 멀리 가져온 냉면…, 아니 멀다고 말하면 안 되겠구먼,' 하면서 멋쩍게 웃었다. 두 시간이면 달려올 수 있는 거리이며 통역도 필요 없이 소통할 수 있는 관계다. 수천 년의 역사를 공유한 한민족이다. 70여 년 동안 건널 수 없는 섬처럼 지냈던 남한 땅, 문재인 대통령은 남북 경계선을 당장 한걸음에 넘어 보았다. 한 발자국만 넘으면 되는 거리를 두고 이제야 만났다니…….

꽃향기는 천 리를 가고, 새들에게는 경계가 없는 길, 사실 땅이나 바다, 하늘에 어떤 경계선이 있던가. 사람이 관념적으로 그어 선을 만들고 국경이 만들어졌다. 이제 세계의 마지막 분단국으로 남은 한반도에 평화와 번영의 시대를 여는 물꼬가 터졌다. 가로막았던 빗장을 풀었으니 변덕 많은 봄날처럼, 우여곡절을 같이 겪어가며 뜨거운 햇살 아래 땀 흘리고, 번개 치는 여름날도 견디고 태풍도 맞으며 맑은 가을 하늘이 나타나도록 잡은 손 놓치지 않아야 한다.

5월 내내 품었던 부푼 꿈의 결실은 언제 보게 될까. 평화 시대로 가는 연속 다큐멘터리는 어떤 시나리오를 가지고 연출해 갈 것인가. 꿈같은 현실의 극은 몇 회까지 가서 안전한 쉼표를 찍게 될까. 남북 정상이 판문점 푸른 도보다리를 걸으며 대화를 나눈 것처럼 우리도 개성의 선죽교를 그렇게 밟아보기를 기대한다. 수수꽃다리 향기 퍼지는 오월이면 더욱 좋으리라.

망국지음亡國之音

마지막 남은 꽃잎들이 애잔하게 하늘을 선회하며 떨어진다. 조용하기만 하던 빈 무대에서 꽃들의 춤이 새봄의 첫 공연이었던가. 꽃의 무대가 마무리를 서둘고 있을 때, 꽃 뒤에서 떨며 기다리던 잎새들이 서성대며 옷을 갈아입기 시작한다. 이제 무대에 나설 차례다. 우주의 악기가 서곡을 부르더니 나뭇잎들이 나선다. 꽃이 떨어져서 흘러가고 사라진다는 것은 어쩌면 아쉬움을 넘어 두렵기조차 한 일인가. 다시는 그 모습 그대로 돌아오지 못할 것이다. 사라지는 슬픔이 가슴을 채우기 전에 벌써 나뭇잎이 그 앳된 모습을 드러내면서 온 산은 몽글몽글 사랑스러운 모습을 드러내고 있다.

어린 이파리들의 재롱 잔치에 가슴 에이도록 슬픈 노래가 떠오른 것은 웬일인가. "낙화로다 늙어졌다/ 네모양이 처량하다." 가곡 봉선화의 2절의 끝 구절이 자꾸만 입속에 맴돈다. 슬프면서 아름다운 그야말로 애이불비哀而不悲라 해야 할까. 동생이 세상 떠나기 전의 모습이 떠올라 어린 새싹들의 무대에서 그 구절이 자꾸만 되뇌어진다. 그 모습은 곧 나도 그렇게 될 것을 예고한 것이 아닌가. 울컥해지다니!

나무들이 긴 겨울 찬바람을 이겨내고 죽은 듯한 영혼을 깨우고 있다. 나무들처럼 사람은 그리하지 못하는가. 나의 나무는 어떤 영혼의 잎새를 피워낼 것인가. 이 봄에는.

> 북풍한설 찬바람에/ 네 형체가 없어져도
> 평화로운 꿈을 꾸는/ 너의 혼이 예 있나니
> 화창스런 봄바람에/ 환생키를 바라노라.

비록 육체는 사라졌지만 이 화사한 봄바람에 환생하는 나뭇잎처럼 너의 영혼과 우리의 영혼의 잎새들도 환생키를 바란다. 나뭇잎의 정령으로 올거나. 꽃잎 속에 혼이 깃들어 와서 잠시 말없는 말을 던져주고 사라지는가. 사라진다는 것은 어떤 면에서는 냉정하도록 정신을 일깨우기도 한다.

공자는 일찍이 중국의 경전 중에 제일로 꼽는 시경詩經을 엮을 때 백성을 가르치기 위한다는 목적이 있었다. 노래로써 백성을 다스리면 안정되고 평화스러운 나라가 된다고 생각했다. 그래서 시경의 첫 구, 관저關雎로 넣고 주나라의 태사부인의 덕을 노래했거나 혹은 남녀상열지사男女相悅之詞를 들어 사람의 기본 행복을 노래했던 것이 아닌가. 노래를 통하여 그 시대의 분위기를 나타냈던 것은 거듭하는 역사 속에서 이어지고 있다.

우리나라도 고대국가 시절부터 많은 향가와 수많은 민요가 있었다. 근대에 와서 우리의 첫 가곡이라 할 수 있는 〈봉선화〉 혹은 우리말로 〈봉숭아〉도 그랬다. 봉선화의 작사자인 김형준은 홍난파와 이웃에 살았는데 서로 교분이 두터웠다고 한다. 김형준의 집 울안에는 봉선화 꽃이 가득했는데, 봉선화를 보면서 그는 곧잘 "우리 신세가 저 봉선화 꽃 같다"고 한탄했다고 한다. 그러던 중 1920년에 홍난파는 《처녀촌》이란 단편집을 내면서 그 서장에 〈애수〉라는 제명의 곡보를 실었는데, 뒤에 김형준이 가사를 붙임으로써 가곡 〈봉선화〉가 탄생했다고 한다

〈봉선화〉는 가수 김천애가 불러서 유명해지고 전국에 퍼지게 되었다. 그는 1930년 후반 일본의 무사시노 음악학교에서 성악을 공부했다. 1942년 봄 동경의 히비아 공회당에서 신인 발표회가 있었는데 그는 여기에 선발되어 노래를 부르게 되었다. 고향에서 어머니가 보내준 흰 치마저고리를 입고 무대에 섰다. 예정된 노래를 부르자 앙코르 박수가 터져 나왔다. 이에 답해서 그는 가곡 〈봉선화〉를 불렀다. 청중석의 교포들은 너무도 감격하여 모두 눈물을 흘렸고, 노래가 끝난 후 분장실로 달려간 교포들은 그를 붙들고 울어 흰 치마저고리가 눈물에 젖었다고 한다. 김천애는 일제의 탄압을 받아가면서 소복 차림으로 이 노래를 불러 청중들의 심금을 울렸고 곧 전국으로 퍼져나갔다고 한다.

초가집 쓸쓸한 울타리 밑에서 모진 비바람을 겪으면서도 한여름 내내

빨갛게 피어 있는 봉선화의 이미지는 어떤 역경 속에서도 굽히지 않고 살아가는 민족의 의기를 불러일으키게 하였다고 한다. 이 노래가 2절에서 그쳤다면 봉선화의 낙화에 대한 조사나 만가에 불과했을 것이다. 〈아리랑〉과 같은 노래가 끝까지 비애에 젖은 정서에 머무는 데 비해 〈봉선화〉의 3절에서는 이 비애를 넘어서 부활해야겠다는 강인한 뜻이 숨 쉬고 있다. 비록 겨울이 닥쳐와서 모진 눈바람에 형체마저 없어진다고 할지라도 그 혼백만은 절대 죽지 않고 길이 남아서 찾아온 새봄에 다시 살아나기를 바란다는 간절한 뜻을 담았다. 단순히 애수 어린 가곡에 머물지 않고 민족의 노래로 승화될 수 있었던 것은 민족의 애절한 염원 때문이었다. 그러나 아직도 우리 민족의 염원은 계속되고 있다. 김천애는 우리나라가 통일되면 꼭 고향에 돌아가서 이 노래를 부르겠다고 다짐했다. 그의 고향은 평안남도였으니…….

민족의 애환이 계속되고 있으니 김천애도 하늘에서 아직 원을 품고 있을까. 민족의 큰 염원보다도 오늘 이 노랫말 때문에 내 마음이 슬프기도 하고 위로가 되기도 한다. 이 봄바람에 실려 나부끼는 어린잎들의 춤사위를 보면 혹시나 내 동생의 영혼도 아직 구천에서 손을 흔들고 있지나 않은지, 늙어져서 낙화가 될 날이 머지않았으니 내 모양도 처량해질 터…. 형체는 없어져도 화창한 봄날에 나뭇잎처럼 새 정신으로 환생키를 꿈꾸며 낙화를 맞아야 할까.

망해가는 시대에는 슬픔이 스며있어서 백성들의 곤궁스러움에 대한 연민이 드러난다. 일제에서 광복을 맞은 우리나라는 분단 70여 년의 세월을 겪고 있다. 백성들이 구심력을 튼튼히 쌓아 외세라는 강국들의 원심력의 역할이 힘을 잃게 되면, 애타게 그리던 통일의 염원에 햇볕이 스며들지 않겠는가. 때마침 봄을 맞아 남북정상 회담과 북미정상 회담을 둘러싸고 봄바람이 불어오는가 싶다. 변덕 많은 봄날과 여름날처럼 어려운 고비도 많을 터이지만, 진정한 봄날이 이 땅에 와서 꿈과 희망의 노래를 부르며 나아가기를, 그리하여 통일되는 한반도가 평화롭게 되기를 열망한다. 세상을 다스리는 음악이 편하고 즐거워서 정치가 조화로운 세상이 되면 좋겠다. 치세지음治世知音 안이락安易樂 기정화其政和라면…….

구석

장마가 그치고 무더위가 시작되었다. 외출 때는 언제나 웃옷을 챙기는 버릇이 있었는데, 어느새 팔뚝과 목을 내놓게 되었다. 꽃바람과 초록 물결에 떠가는 동안 애틋하게 맞은 봄을 아프게 보냈다. 당면한 무더위와 치열하게 대면할 일이 다가왔다. 더울 때는 집안을 깨끗이 해야 한다는 그의 말이 생각나는 때이다.

구석구석 닦아서 빛내라던 선사의 법문을 어느 구석에 챙겨두었던가. 바로 그 구석이 문제였다. 마음 구석을 다 헤아리지 못했던 탓일까. 겨울 지나고 이른 봄에도 마치 감기가 다 나가지 못한 것 같았다. 콧물이 질금거리는 것이 수상쩍었다. 게다가 귀에 물이 차서 멍멍한 증상이 생겼다. 이비인후과에 가서 간단히 물을 빼내니 치료는 간단했다. 두어 달 뒤에 그런 증상이 또 발생하여 다시 병원에 갔다. 이번에는 코도 검사하고 엑스레이와 CT 촬영까지 해야 했다. 드디어 부비동에 문제가 있다는 것이 증명되었다. 12년 전에 코에 이물질이 생겨서 수술한 것이 되살아났다. 바로 그 의사에게 넘겨져서 부비동 수술을 해야 한다는 것으로 판정되었다. 만성 축농증이라니, 생활에서는 별로 지장을 못 느꼈었는데 그렇다고 하니까. 그간 이상 증세가 조금씩 나타났다는 것을 알았다. 내 몸의 찌꺼기들이 부비동이라는 구석으로 다 모인 것일까.

수술 시간은 짧지만 까다로운 수술이라서 전신마취를 해야 한다. 다행이 전신마취를 하는데 걸림이 되는 증상은 없었다. 4일간 입원하고 수술도 잘 마치고 후유증 없이 잘 마무리되었다. 하지만 계속 정기적으로 치료를 하러 다녔다. 제시간에 약을 챙겨 먹는 일도 매우 신경 쓰이는 일이었다. 평소에 하루에 영양제 두 알만 먹는 나인데, 끼니마다 약을 먹는 일이 성가시었다. 경과에 따라 점점 약은 줄어들고 석 달 만에 완쾌 판정을 받았다.

사람은 각종 신체 장기 부속마다 다른 병원에 다녀야 한다. 증상 따라 크게는 내과, 외과, 정형외과는 별도다. 얼굴에 관한 기관도 이비인후과는 코와 귀이지만, 같은 얼굴 안인데, 눈은 안과로 가고 치아는 치과로 가야 한다. 발톱에 문제가 있을 때는 피부과에 가야한다. 모든 기관이 연결되어 있건만, 참 편리한 것인지, 혼란스러운 일인지 모르겠다. 인체이 장기마다 다른 병원 순례를 하는 것도, 인생 순례의 한 부분인가 싶다. 일생을 살아도 인간을 구성하고 있는 인체의 구석구석은 다 알 수도 없는 것을.

그래도 최종 관리자는 본인 자신일 수밖에 없다. 각종 약은 입으로 먹지만 어떻게 그 증상의 구석을 찾아가서 치료 효과를 내는지도 신기하기만 하다. 인체의 구조가 신비롭기도 하지만 그 치료 방법을 연구해낸 인간의 노력도 그만큼 대단한 일이다. 처방에 따르고 관리를 잘 해야 할 일은 내 역할이다. 결국 병도 자기가 만들고 자기가 최종 낫게 하는 것이 아닌가.

아파야 쉴 수 있다. 입원 동안 잘 쉬면서 정리를 했다. 집에 돌아와서 집구석을 찬찬히 살펴보기 시작했다. 우선 벼르던 냉장고부터 구석구석 후벼내었다. 단번에 냉장고를 청소한다는 것은 큰일이다. 냉장고도 최소한 일 년에 두 번 정도는 구석을 청소해야 한다는 것을 소홀히 했다. 그래도 식중독 일으킨 일은 없었다. 이 아파트에 이사 온 뒤로 구석에 쟁여둔 물건들을 꺼내기 시작했다. 무엇보다 이제는 두 번째 분서焚書를 해야 할 처지가 된 것이 아닐까. 나의 글들을 비롯해서 구석구석 책들이 많이 모였다. 다 보지 못하고 미루어 둔 것들이 많았다. 보다가 또 옆에 두고 한꺼번에 치우지 못한 채 늘어지고 있다.

이놈의 집구석. 내 집을 못마땅하게 생각될 때 하는 말이다. 집구석을 치우다 말고 바깥 바람 쐬고 와서 또 치우기를 반복하고 있다. 아무리 풍광 좋은 밖을 구경해도 돌아올 내 집이 있다는 것이 얼마나 소중한가. 즐거운 내 집 내 집뿐인데! 우주까지 들먹이지 않아도 가장 편안하고 내게 필요한 모든 것이 갖춰져 있는 내 구석, 내 삶의 보금자리 나의 요람이다. 내 집구석도 잘 지키지 못하면서 무슨 일을 한다고….

구석이 나를 구원해줄 것이다. 구석에 끼워놓을 귀한 것도 없지만, 이제 나중에 다시 꺼내어서 쓸 시간조차 없다. 홀가분하게 비우고 비우는 일밖에 없다. 내가 떠난 뒤, 내 주위에 있는 이 모든 것들은 누군가의 손에 의해서 싹 치워 없어질 것이다. 그래도 내가 살아 있는 한 의미가 있는 것. 내게 필요한 생활 도구들이 나를 일깨우고 나를 잠재우고 생의 동력이 되어준다. 때 묻은 나의 역사를 정리하는….

비록 내 집구석일망정 나에게 짐이 되지 않을 만큼만 마지막 순간까지 내 곁을 지켜줄 것인가. 비약할 수 있는 날개를 지닐 정도만. 날마다 마음 구석부터 다시 잘 살펴볼 일이다. 구석구석 닦아서 빛내라던 선사의 말대로.

삶다

여름이면 생각나는 그의 투정이다. 기온 30도가 넘으면 도저히 집에서 밥을 해 먹을 수가 없다는 말. 그런데 올해는 유난스럽다. 6월부터 뜨겁던 여름은 8월 1일 자 기온 수치가 40도에 육박하는 폭염이다. 111년 만에 서울 기온의 최고치라고 한다. 더운 나라 이스라엘보다 더 더운 나라가 되었다. 온열질환자가 증가하여 29명이나 사망하였다니. 과연 살인적인 더위다. 이런 날씨를 맞을까 미리 하늘나라에 가버린 그는 밥도 안 하고 편안할까? 날마다 동생의 투정 섞인 농담이 듣고 싶다.

폭염이 거의 한 달 이상 계속되고 있다. 아침부터 선풍기를 켜야 하고 앉아만 있어도 머리 밑에서 땀방울이 솟는 소리가 난다. 이러한 기후에도 열악한 환경에서 살아야 하는 사람들도 많고 건설현장에서 일해야 하는 사람들도 많다. 20년 이상 낡은 아파트에서는 전기 사용 과다로 정전 발생률도 증가하여, 국가적으로 전력을 대비해야 하는 현상이다. 지구의 기온이 요동침에 따라 세계적으로 기온 재난이 일어나고 있다. 빙하가 녹아 흐르는 지구 온난화 현상이 가져오는 대란이 아닌가 한다. 경제적 성장을 가지고 오는 동안 필요했던 문명에 사로잡힌 인류는 스스로 판 수렁으로 점점 빠져들고 있는 걸까. 온몸의 땀을 마음대로 씻을 수 있으니 다행한 일인가. 이 또한 편리한 시설의 혜택이건만.

천 명이 넘는 노숙자들의 고통은 누가 책임져야 하는가. 하늘은 스스로 돕는 자를 돕는다고 하였지만, 안타까운 노릇이다. 스스로 돕지 않으면 목숨까지 위험할 지경이 된 이 여름, 옥수수가 저절로 팝콘이 되기도 하고, 베란다에 방치된 달걀이 부화하여 병아리가 되는 뜻밖의 횡재를 얻었다는 사람은 그 병아리를 잘 키울 꿈에 젖어 있기도 하다.

목구멍이 포도청이란 옛말은 먹을 것이 많은 현대에도 효력을 나타낸다. 살아 있는 한 살기 위해서는 잘 먹어야 한다. 외식도 한두 번이지 끼니마다 그럴 수도 없다. 집밥이 최고다. 땀을 뻘뻘 흘리면서 먹거리를 준비해야 한다. 생산적인 글도 쓰지 못하는 주제에 밥값이라도 해야 하는 일이 삼시 세끼를 챙기는 일이라니! 배가 고프면 스스로 움직일 수밖에.

식품을 삶기 전부터 날씨가 먼저 삶아대고, 호박잎을 찌기 전에 내 몸이 먼저 푹푹 찌고 있나. 태양은 발없이 아침에 떠서 한낮을 태우다가 저녁이면 지쳐서 사라지건만, 사람은 여름에는 뜨겁다고 탓이고 겨울에는 따뜻하다고 칭찬이다. 더워도 국물은 뜨거워야 속이 시원하니 끓여야 한다. 누군가는 식당에서 끓이는 일만 하는 사람도 있지 않은가.

한더위에도 아랑곳없이 초연하게 땡볕을 받으며 우아하게 피어나는 연꽃을 보라. 물속이 진흙탕이어도 그 물을 정화하며 맑은 향기를 뽑아 올리다니. 그리고 그 뿌리를 실하게 키우고 있지 않은가. 백일동안 폭염도 마다치 않고 화사한 배롱꽃은 타오르는 듯 붉은 열정을 토하지만, 초록빛 숲을 배경으로 눈 맛을 시원하게 해준다. 아침에 활짝 꽃잎을 열고 저녁에는 봉오릿적 모습으로 꽃잎을 닫고 처음 모습 그대로 떨어지는 무궁화. 붓질하듯 하늘거리는 연분홍 자귀 꽃. 이름 없이 피었다 지는 풀꽃들은 또 어떤가. 여름 꽃의 위안을 받으며 들판에서는 벼가 익어간다. 여름 꽃들과 벼가 익어가는 들판이 폭염도 그렇게 살아내라고 타이르는 듯하여 이 뜨거운 여름을 삶는다.

비상 음식을 싸 들고 아침 일찍 피서지를 찾았다. 길 따라나섰다가. 비경도 맛보고, 험한 놀이터도 구경한다. 늙으니까 바다보다 계곡이 좋다. 오랜만에 용추계곡을 찾았다. 우리나라가 언제부터 놀이 천국이 되었는지. 주말인지도 모른 채 친구 따라 강남 가듯 길을 나섰더니. 계곡은 입구에서부터 높은 계곡까지 층층이 피서객들이 자리를 잡고 있다. 예약하지 않으면 계곡의 어느 구석도 쉴 곳을 찾지 못한다. 손바닥만 한 장소라도 대여료를 내야 한다. 캠핑족들의 세상 같았다. 그래도 길은 좋아서 자연휴양림을 지나 끝까지 올라갔다. 지도를 보니 수망령을 넘으면 경상남도 거창 땅이었다. 느닷없이 도 경계선을 넘어 덕유산 아래, 거창의 월상리라는 공원에서 캠핑족이 되었다. 잠들 수 없는 유목민이 되어 새벽달을 마주하는 고요한 여름밤의 낭만에 젖을 수밖에 없었다.

그곳에서 만난 한 그루 커다란 무궁화 나무가 역시 위안이 되었다. 한낮에 꽃등처럼 전신에 피어있던 무궁화는 저녁 무렵 봉오리 때처럼 꽃잎을 닫고, 다음 날은 그날의 봉오리가 활짝 열어주었다.

감칠맛이 나도록 일상도 잘 삶아야 한다는 것을 새삼 새겨본다. 날마다 종일 땀을 입고 벗고, 잘 찌고 볶고, 밥도 태워서 고소하게 일상을 잘 삶는 게 참 행복이리라. 인생이 잘 삶아져서 발효되어 영양가 있는 흔적을 남길 수만 있다면 뜨겁게 삶을 수 있는 이 여름을 사랑할 일이다. 사라져서 쓸쓸하고 허전한 가을의 서기瑞氣를 맞기 전에 지금 여기, 옆에 있는 게 더 소중하다. 이글거리는 저 태양을 잘 삶아서 저장했다가 겨울에 꺼내어 쓰도록 서둘러 스캔하자. 뜨거움이 사라지기 전에.

집 떠나면 고생이란 옛말은 여전히 유효하다. 고생을 사서 즐기다 보면 불편의 모험에서 슬기를 얻고 여름을 잘 삶을 기술도 터득한다. 젊어서는 고생을 사서라도 하는 것이 삶의 지혜를 얻는다지만, 늙어서는 잘 놀 수 있는 고생이라도 해야 하는 걸까. 집에 돌아와서 안주해버리는 습관에 매몰되지만 않는다면 내 집은 영원한 베이스캠프다. 일상의 여행을 위하여도.

나랏말싸미

선박해양플랜트연구소에서는 사람이 할 수 없는 곳까지 바다 밑의 유물을 캐낼 수 있는 로봇을 개발했다. 바닷게 같은 모형인데 로봇 이름이 'CRABSTER'이다. 로봇이 작업하는 모습을 재현해 보았는데, 내 시선을 끈 것은 로봇의 이름이었다. 로봇 이름의 알파벳 중에서 'R' 자가 왼쪽으로 뒤집혀 표기되었다. 이상하게 생각되어 물어보았더니 그것은 러시아 글자인데 '나'라는 뜻이란다. 발음은 'ya'로 한단다. 왜 러시아 문자일까? 궁금한 점이 많았지만 더 알 수 없었다.

지난가을, 극동러시아 여행 중에 블라디보스토크의 항구가 내려다보이는 독수리 전망대에 올라갔다. 금각만에 걸쳐있는 현수교와 주위의 도시 풍경이 아름답게 내려다 보였다. 동해가 훤히 내려다보이는 바다의 다리를 건너면 루스키 섬으로 들어간다. 독수리 전망대에는 키릴 성인聖人 형제 동상이 서 있다. 키릴 형제가 러시아 문자의 기원인 키릴 문자를 가지고 왔다고 한다. 키릴 형제를 기리는 뜻에서 독수리 전망대에 그들의 동상을 세운 듯했다. 동상을 둘러싼 줄에는 자물쇠가 가득 매달려 있다. 연인들이 이곳에서 사랑의 언약을 하는 모양이다.

러시아어도 알파벳으로 만들어진다. 그러나 러시아 문자는 눈에 익은 듯 낯설었다. 아무리 보아도 뜻을 알 수 없다. 유럽의 라틴문자와는 전혀 다르다. 키릴 형제가 처음으로 유럽에서 알파벳 문자를 가지고 오다가 떨어뜨려서 알파벳이 거꾸러진 것이 많다고 하는 농담이 있을 정도다. 이 농담 속에는 그들 문자의 역사가 있을 것이다. 알파벳 문자인데 뒤집히기도 하고 거꾸로 서기도 하고 옆으로 돌아누운 글자가 많다. 영어식 상상과는 절대 맞지 않는다.

극동 러시아에서는 그 어떤 곳에서도 다른 나라 말이 통하지 않는다. 한때 제국이었다는 자부심이 깔려 있어서일까? 아무튼 공항에서조차 영어도 통하지 않아서 당황하기도 하고, 가이드 없이 혼자서는 아무 데도 다닐 수가 없었다. 가까운 나라이며 인연도 깊고 예술의 나라인 러시아인데도 그 나라 말을 배우지 않은 것이 후회되었다.

알파벳과 아라비아 숫자가 오래전부터 만들어져서 인간 영역의 여러 분야에서 작용하였다.

스물여섯 자로 이루어진 알파벳은 고대 이집트의 상형 문자에 비해 월등한 이점을 가지고 있다. 또한 표의 문자인 중국어보다 어쩌면 더 쉽고 쓰임새도 많다. 중국어의 표의문자는 쓰기도 어렵고 읽기도 어려울 뿐 아니라 발음에 따라서 다양하게 뜻이 달라져서 중국어는 한 십여 년 배워야 문리가 좀 트인다고 한다. 중국의 한자도 발음 기호만은 알파벳으로 표기한다.

숫자 또한 아라비아 숫자는 모든 수를 나타낼 수 있으며 눈에 보이지 않는 것, 존재하지 않는 것도 지칭할 수 있게 된다고 한다. 물리학이 그런 숫자로 표시하는가 싶다. 알파벳과 아리비아 숫자는 대단히 훌륭한 발명품임에 틀림없다. 인간의 사고 능력을 무한하게 만들어 주었다. 로마제국이 문자로 세계 정복에 성공했다고 해도 과언이 아닐 정도란다. 영국은 세계를 정복하다시피 하여 식민지 국가가 많았다. 지금은 모두 독립되어서 마침내 영국은 노년기에 접어들었다. 하지만 영어로 세계를 정복한 셈이다. 여전히 영어만 좀 하면 세계 어디에나 다닐 수 있다. 그러나 한때 제국이었던 러시아만은 같은 알파벳을 사용하지만 말은 영어로 통하지 않는다.

러시아에 키릴 형제 동상이 있다면, 우리나라는 세종대왕 동상이 서울 한복판에 위엄을 갖추고 있다. 바로 우리 글자인 〈훈민정음〉을 창제했기 때문이다. 일찍이 조선의 지식층은 어려운 한문을 잘 구사할 수 있게 되어 글자를 모르는 일반 백성들을 사람으로 취급도 하지 않았던가 싶다. 우리나라가 현재 IT 강국이 된 것은 우연한 일이 아니다. 벌써 15세기에 정보혁명이 일어났다. 한자를 알아야만 모든 정보를 획득할 수 있었던 시대에 훈민정음이 만들어지면서 누구나 쉽게 정보에 접근할 수 있는 길이 열렸다. 지금 생각하면 엄청난 변화를 몰고 왔다. 그러하였으니 일부 지식 귀족층만 알았던 정보를 백성들에게는 허락지 않으려고 한글 선포에 대해 반대한 세력도 있었다.

말은 하지만 글자로 표기하지 못하는, 자국어가 없는 나라도 아직 많다. 글을 쓰면서부터 우리말에 대한 반성과 더불어 고마움이 날이 갈수록 깊어진다. 우리말을 글자로 표기할 수 있게 해준 세종대왕에 대한 감사의 마음이 우러나지 않을 수 없다. 물론 우리 글자도 중세를 거쳐 현대까지 많은 변화 발전을 거쳐 왔다. 키릴 형제의 동상처럼 세종의 동상을 세운 일은 당연한 일이었다.

극동의 지중해라 할 만한 곳의 중국 끝에 붙어 있는 대한민국이지만, 나라 정신과 더불어 특별한 예술성을 지니고 풍류를 즐기는 민족성만큼은 세계에 내놓을 만하다. 하여 앞으로 우리말도 세계에서 써질 날이 있을 것이다. 실지로 인도네시아 짜이짜이 족이 우리 글자를 국어로 쓰려고 시도한 적이 있지만, 여러 가지 제도적인 일 때문에 중단된 것 같다. 2018년 봄에 '방탄소년단'이란 한류 보컬 가수 팀이 한국어로 부른 노래가 빌보드 1위에 오르는 쾌거를 거두어서 세계가 떠들썩했다. 케이팝(K-pap)에 대해 잘 모르지만, 한국어로 발매된 앨범이 세계 1위로 오른 것은 12년 만이라고 한다. 과연 한국어 힘의 발현이 아닐까.

언어나 문자는 각 민족이 가지는 고유한 문화이기 때문에 우열을 가릴 수는 없다. 훈민정음은 로마자나 한자가 세계문화유산으로 지정되지 않은 것과 마찬가지로 문화유산으로 지정받을 대상이 아니다. "그러나 새로운 문자를 만들고 그 문자에 대한 해설서를 갖춘 경우는 훈민정음 이외에는 거의 없다. 유네스코에서도 이러한 점을 고려하여 훈민정음 해설서인 책자, 〈훈민정음 해례본〉을 유네스코세계기록유산으로 지정한 것이다." 바로 국보 제70호로 새로 창제한 한글 제자 원리를 확연하게 드러내고 있는 훈민정음의 한문 해설서다.

한때 한글 전용 시대여서 우리는 대부분의 전통문화를 알기가 어려웠다. 한글 전용 시대를 거쳐 온 세대에게는 한자를 새로 배우기가 여간 어렵지 않다. 오늘에 와서 알고 보니 한글 전용 시대의 폐단이 많았다는 것을 알 수 있다. 우리나라는 조선 시대까지는 한문과 한글을 혼용하여 잘 구사해 왔다. 한자는 표의성 때문에 많은 이로움이 있으며 한문으로 우리 정서를 다 표현할 수 없기 때문에 한글의 장점도 많다. 우리의 전통문화의 대부분이 한문으로 써졌기 때문에 오늘날 새롭게 우리의 문화를 찾으려면 한자와 한글을 같이 사용해야만 한다. 오래전부터 우리의 조상들이 그래왔던 것처럼.

한국전쟁 이후 미국문화로 인하여 우리는 한문을 도외시하게 되었다. 미국이 한문화권의 동아시아 나라들에게 영어를 강조함으로써 우리나라도 한글 전용을 강요당하게 된 것 같다. 우리 시대 현재는 모든 분야에서 영어가 섞인 신조어가 난무하고 있다. 일상용어까지 점령당할 위험에 놓인 것 같다. 우리 문화를 살리기 위하여 아름다운 우리 고유의 언어를 찾아 사용하고, 전통의 뜻을 찾을 수 있는 한문도 함께 사용함으로써 우리글의 찬연한 빛이 더욱 드러나지 않을까.

명창정궤明窓淨几의 생을 꿈꾸며
-조윤수 수필집 『명창정궤明窓淨几를 위하여』를 읽고-

이해숙

열하熱夏다. 나라 안은 여러 사건들로 뒤숭숭하다. 책을 읽으며 이 열하熱夏를 건너보리라. 책에서는, 예스럽고 소박한 멋이 있는 한지 창 아래에서, 깨끗한 책상 하나 앉혀 글을 쓰는 모습이 읽혀졌다. 선생이 추구하는 삶의 모습, '일 하는 습관, 건강을 관리하는 습관, 공부하는 습관'으로 엮어낸, 그에게서나 느낄 수 있는 독특하고 지성적인 문학세계가 보였다. 제3수필집『명창정궤明窓淨几를 위하여』(수필과비평사, 2013)는, 제목에서 전해오는 고전적인 향취가 글의 전반적인 정서로 내재되어 있다. 끊임없이 자신을 연마하며 학문을 사랑하고 예술을 흠모하는 성정이 고졸하게 담겨있다. 고희를 넘긴 나이에도 열정적인 창작 활동을 하는 태도는 젊은 문인들이 거울삼아야할 모습이려니 싶다.

조선 중기 시인이었던 현묵자玄墨子 홍만종은 15일 만에 책 한 권을 만들어『순오지旬五志』라고 책이름을 지었다. 15일 만에 탈고했다고 해서 책 한 권의 문장들이 단기간에 완성된 것은 아니리라. 평생토록 이룬 공부며 살아온 체험과 탐구가, 그 글의 기저基底에 축척되어 있었을 것이다.

조윤수 님의 수필집『명창정궤明窓淨几를 위하여』를 읽으며, 그런 맥락을 느꼈다. 다양한 문화체험을 좇아 즐기고, 인문학 강의를 경청하는 일을 늘그막에 가질 수 있는 최상의 행복으로 여김에랴! 우리가 살고 있는 이 산하며, 살아온 역사, 그 역사의 뿌리를 이루는 불교, 인물, 민속, 차茶, 그림, 글씨 등에 대한 끊임없는 관심과 공부가, 무릇 글의 밑바탕을 이루고 있었다. 그의 글맛은 웅숭깊고 고요하며 은근하다. 다양한 공부로 내면에 켜켜이 졸여진 문학적 자양분이, 그의 손에 이끌려 글자꼴을 입었다. 그만의 차별화된 세계를 내보였다.

제1수필집 『바람의 커튼』(수필과비평사, 2008)은, 자연과 살을 맞대고, 종이책 대신 자연의 책을 탐독하는 생활을 엿보기에 충분했다. 젊은 시절 직장생활의 와중에서도 늘 벗하던 책들, 가파른 세상살이의 언덕을 오르면서 그는, 오히려 책이 짐이 되었다고 피력한다. 그 짐을 잠시 부려두고 자연과 벗하며, 땅과 하늘을 가까이하여 참 사람살이를 음미하였단다. 조화로운 삶과 소박한 밥상을 제시한 헬렌니어링과 스코트니어링의 삶을 지향하며 그들과 같은 음률을 내고자 힘썼다. 쓰레기더미에 떨어진 호박씨 한 알이 싹을 틔워, 무성한 넝쿨을 이뤄 내는 것을 보고, 무릇 무가치하게 버려진 것이 꽃피우는 생명의 교훈, 그 역동적인 순환을 발견한 것이다. 진흙탕에 뿌리를 내리고도 그 물에 물들지 않는 연蓮. 기댈 가지도 없이 넝쿨도 없이 곧은 외줄기로 고고하게 솟아오르는 지성의 연꽃. 벙근 봉오리가 벌기를 숨죽여 기다린 보람으로 사방에 넘치는 자비의 향. 그 향을 음미하는 일. 이는 치열하게 살아온 생의 전장에서 한 걸음 물러나, 고요한 마음으로 글밭을 일구는 일이고, 자신을 비추어 보는 일이며, 그의 귀거래사일 것이다.

제2수필집『나도 샤갈처럼 미친及 글을 쓰고 싶다』(수필과 비평사, 2010)는, 유유자적의 경지로 일구는 글밭에 탄력이 붙었나보다. 첫 수필집 발간 2년 만에, 두 번째 출산이다.

글쓰기는 어쩌면 자기정화며 자기치유의 과정을 동반한다. 앞만 보고 치닫던 줄달음에서 한 박자 쉬며 돌아보는 숨고르기쯤 되리라. 인생 후반전에 맛들인 '글을 쓰고 공부하는 평생직업'에의 입문이 그 반증이다. 인문학과 역사, 지리, 건축물, 유적, 미술품 등에 대한 관심과 공부를 통해 빚어진 글에서는, 감성적이고 서정적인 글 일색인 수필문단에 사유와 지성 넘치는 글로, 짙은 개성의 세계를 보여준다. 샤갈의 친구 블레즈 산드라드가 그의 시詩 구절에 "나의 친구 샤갈처럼 나도 미친 그림들을 그릴 수 있다면." 에서 보인 희구의 마음이 곧, 선생이 수필의 길에 들어, 미친及 글을 쓰고 싶다는 간절함과 일맥상통한 것이다. 샤갈이 불우한 어린 시절을 보냈음에도 '나는 그림을 그리는 동안에는 왕좌만 없는 왕이었다.'며 그림에 미쳐狂 색의 마술사의 경지에 미쳤음을及 볼 때, 간절함으로 골몰해야 미칠及, 문학의 지난함을 느꼈다.

〈명창정궤明窓淨几를 지향하는 인생〉

1. 차茶와 명창정궤明窓淨几

선생의 책에는 오롯이 차茶의 향기로 가득하다. '전통 차茶를 알게 되고, 차茶 수련을 익혀 차의 진수를 알아가는 과정'이 곧 글쓰기의 바탕이 되었다고 한다. 밝은 창가에서의 달금한 차 한 잔. 명창정궤 정신도, 차 공부를 하다가 차 고전을 통해 알게 된 말이라고 한다. 다산 정약용과 추사 김정희가 유배생활의 외롭고 쓸쓸함을 차 생활과 명창정궤의 정신으로 극복하였음을 일깨운다. '걸명소'는, 다산茶山이 유배시절 아암 선사(혜장:1772-1811)에게 보낸 글이다. 茶를 보내주길 간절히 부탁하는 내용의 편지글에는 茶를 사랑하는 그의 마음이 잘 표현되어 있다.

"나그네가 요즈음 차를 탐음하고/ 겸하여 약으로 충당한다오. (중략) 애오라지 차茶 비乞는 정분을 신항함이라./ 저으기 들으니 인생고해는 부처님의 진량중/ 가장 소중함이 단나의 보시라 하고/ 명산에 잠긴 경혈과 고액은/ 서초茶가 으뜸이라 하거늘/ 마땅히 갈망 희구함에/ 아끼지 마시고 파도 같은 은혜 베풀기 염원합니다." 〈걸명소乞茗疏차를 얻고자 적음〉

한재寒齋 이목李穆은 선생이 시집 온 전주이씨 집안의 중조中祖어른이다. 김종직의 문하로, 장원급제한 후 연경에 유학하여 중국 육우의 다경

茶經을 읽고 심취했다. 중국의 차 산업을 둘러보고 조선에서 최초로 차에 대한 부賦를 남겼고, 후대 다인들에게 차의 대부로 추앙을 받고 있다. 이목 어른의 다부茶賦는 초의선사 다신전茶神傳보다 300년 앞선 우리나라 최초의 차의 경전이란다. 선생은 전주이씨 문중으로 시집와서 차를 접하게 된 게 자랑스럽고, 이제는 차를 섬기게 되었단다. 선생도 그들 삶의 모습에서 추구해야할 바를 찾아가는 것이리라. 아슴아슴한 청취(淸翠 : 짙푸른 풀색)빛 차 한 잔, 그 깊은 곳에 깃든 신선하고 순박하고 아리땁고 의욕을 다하게 하는 정결한 정신을 선생과 더불어 새겨본다.

중국 명나라 때 다인茶人 허차서는 그의 다소茶疏에서, 차 마시는 때를 24가지 열거했다. 나는 그 중에서 '심수한적心手閒適, 명창정궤明窓淨几를 들고 싶다. 심지心地와 수족이 한적할 때를 첫 번째로 꼽았다. 여자들은 결코 심지와 수족이 한적하기가 그리 쉽지 않다. 부녀자들이 아침 일을 마치고 잠시 쉬고 싶을 때가 밝은 창가에서 갖는 커피 타임일 것이다. 그러나 차 맛에 길들게 되면 좀 더 깊은 명상으로 들 수 있는 시간이 된다. 오늘 같은 햇살 좋은 창가에서라면 '명창정궤'가 얼마나 적격인가. 따로 이런 서실은 없지만, 깨끗한 집 밝은 한지 창 아래 맑은 책상도 갖추지 못했지만, 이런 햇살에서는 늘 명창정궤가 그립다. 차를 잘 마시는 일이 쉽지는 않으나 잘 마신다고 해서 그 정신을 얻었다고 하기도 어려운 것 같다. 진정한 차의 정신을 챙기지 못해서야 어찌 차 하는 사람이라고 할 수 있을까 싶다. 맛볼수록 묵은 차에서도 새 맛 나는 명창정궤明窓淨几의 정신을 음미한다.

〈명창정궤明窓淨几를 위하여〉 중에서

2. 사군자를 벗하며

선생의 글에서는 묵향의 은은함도 풍긴다. 처녀 적에 친 난蘭족자를 예비 시아버지께 보내드렸더니, 소중하게 사랑에 걸어두셨다가 결혼 후에는 이름 높은 강암 선생님을 모셔 글공부를 부탁하셨단다. 난蘭에 대한 일가견도 그렇지만, 한 때 사군자를 벗하며 보낸 세월이 있었음을 볼 때 상당한 경지임을 짐작하게 한다.

큰 형부는 선비다운 분이셨다. 그분의 서가에서 많은 책을 엿볼 수 있었고, 난을 잘 가꾸셔서 귀한 난을 볼 수 있었다. 소심素心의 일경구화를 자주 보았던 것이다. 꽃을 피워낸 난蘭 분을 지나칠 때면 그윽한 향기가 신비했었다. 사군자를 벗에 비유하여 봄에 피는 매화를 고우(故友 : 오랜 벗) 섣달에 피는 매화를 기우(寄友 : 진기한 벗)라 하였으며, 난은 방우(芳友 : 꽃다운 벗), 국화를 일우(一友 : 뛰어난 벗) 또는 가우(佳友 : 아름다운 벗), 대나무를 청우(晴友 : 맑은 벗)라 하고, 맑음과 고아함을 위하여 매, 죽을 쌍청, 추위를 견디는 인내를 취하여 梅, 竹, 松을 세한삼우歲寒三友라 하였다. 매죽, 난죽, 매국, 국죽, 세한삼우 등이 배합을 이루어 그림, 문양, 시

등에서 즐겨 나타나고 있다. 〈춘란화 피기를 기다리며〉 중에서

선생은 좋은 수필을 쓰기위해서 우리글에 대한 관심과 공부는 물론, 한문학 강의나 우리 고전읽기에 힘썼다고 한다. 서예와 문인화는 물론, 사군자를 포함해 소나무와 연화까지 6군자를 그려 보았음에도, 한국화의 화제 한 줄 읽기 어려웠다는 피력은, 지나친 겸손의 마음이리라. 전통 차에 대해 일가를 이룬 선생께서 차의 고전을 살피다가 찾았다는 '명창정궤明窓淨几', 비단 '차 마시기 좋은 때'만의 의미를 넘어, 한적한 노후에는 '밝은 창 아래 깨끗한 책상에서' 묵향과 더불어 정순한 차의 온축된 향을 음미할 수 있기를 바라는 마음일 것이다.

3. 흰 꽃 진 자리

봄꽃들의 향연이 끝나면, 산하는 물오른 나무들 세상이 된다. 잎새들은 각양으로 비린 연두색에서 푸르께하고 검푸르죽죽하며 갈맷빛에 이르도록, 한 폭의 조화로운 산수화를 그려낸다. 한편, 흰 꽃들도 제철을 만끽한다. 차나무의 흰 꽃은 가을꽃이지만 대부분 늦봄에 피는 꽃은 흰 꽃 일색이다. 곡우를 전후하여 남녘 차밭 가는 길에 만난 찔레꽃은 장사익의 애달픈 허스키보이스를 떠오르게 했다.

'~순박한, 별처럼 달처럼 서러운 찔레꽃, 찔레꽃 향기는 너무 슬퍼요.

그래서 목 놓아 울었지'

선생도 밭을 열어 햇순을 따 생 햇차 맛을 음미하며 노래를 읊조린다. 찔레꽃의 서정이 가슴에 아프게 와 담긴다. 조팝나무와 향기로운 아카시 꽃, 쌀밥을 연상시키며 입하 무렵 피어나는 이팝나무 꽃. 빈 공터나 들녘 어느 곳이든 왕성한 생명력을 자랑하는 개망초 꽃, 그 흰 꽃들은 저마다 전해져오는 애잔한 꽃말들이 있기에 더 처연하게 다가오는지 모르겠다. 선생의 때죽나무 꽃과 산딸나무 꽃에 대한 묘사를 짚어본다.

"지리산 청학동 삼성궁을 찾았을 때 다시 만났다. 까만 버찌가 떨어진 산길에는 벌써 때죽나무 꽃들이 쟁그렁 거리면서 발끝을 멈추게 했다. 신록의 갖가지 나무들이 스크럼을 짜고 서로 어깨를 비비며 하늘을 향하는 가운데 풍광도 아름다운 산 숲, 곳곳에 희한한 하얀 나비들이 앉은 듯한 산딸나무 군이 있었다. 흰 꽃 중에서 산딸나무 꽃은 단연 백미다. 산딸나무는 층층나무과에 속한다. 5-6월 작년에 난 가지 끝에서 두상꽃차례로 꽃이 핀다. 흰색 턱잎이 넉 장인데 십자가 모양을 이루며 꽃잎처럼 보인다. 타원형의 네 잎 가운데 녹색 열매가 사실은 꽃이며 꼭 가시붙은 딸기 모양이다. 나무 꼭대기에 하얗게 나비가 모여 앉은 모습이다. 나무가 하얀 너울을 쓴 것 같기도 하여 황홀하도록 거룩하고 그 나무 밑에서는 저절로 고요해진다. 그래서 산딸나무 꽃을 십자가 나무라고도 하는가. 기도하는 나무. 예수가 십자가에 못 박힐 때 쓰인 나무가 산딸나무였다 하여 산딸나무가 예수의 고통을 덜어드리고 싶어 했다는 전설이 있단다. 전쟁의 후유증이 평생의 십자가가 되었던 어머니의 기도하는 모습이 꼭 산딸나무 꽃 같았다."

〈하얀 꽃, 꽃 진 자리〉 중에서

문득 산행 중 모악산에서 산딸나무를 발견했을 때가 생각난다. 뻗쳐 오르는 푸른 나뭇잎 위에 십자가 모양으로 옹기종기 모여 앉은 흰나비들이 꽃인 줄 알았었다. 흰 잎이 꽃이 아니라 녹색 열매가 꽃이라는 사실을 식물도감에서 확인했었다. 푸른색 일색인 산 숲에 산딸나무의 나비 군상은 심심한 산 빛을 깨뜨리는 웃고명이었다. 흰 꽃들은 무위로 한 철을 나는 것이 아니다. 햇살, 바람, 비, 달빛과 별빛을 받아먹고, 꽃잎 이지러진 자리에 빨갛고 까만 진리의 열매를 매단다. 빛 속의 모든 색을 합한 흰색, 흰 빛이 바래도록 온 마음을 모아, 순결하고 겸손하게 고독을 승화시킨 결정체를 낳는다. 곧 선생이 피워 낸 수필작품들도, 흰 꽃들의 열매, 그 결정들로 환치되리라.

4. 열하熱夏를 견디며

고전평론가 고미숙은『열하일기』를 옮기며, "조선왕조 오백 년을 통틀어 단 하나의 텍스트만을 꼽으라고 한다면, 단연 『열하일기』를 들 것이다. 또 동서고금의 여행기 가운데 오직 하나만을 선택하라고 한다면, 나는 또한 『열하일기』를 들 것이다. 『열하일기』는 이국적 풍물과 기이한 체험을 지루하게 나열하는 흔해 빠진 여행기가 아니다. 그것은 이질적인 대상들과의 뜨거운 '접속'의 과정이고, 침묵하고 있던 '말과 사물'들이 살아 움직이는 '발굴'의 현장이며, 예기치 않은 담론들이 범람하는 '생성'의 장이다."고 했다.

함양을 다 둘러볼 수는 없지만 유적이 별로 없는 고운 최치원 선생과 연암의 흔적이 남아있는 상림 숲과 안의면을 둘러볼 수 있다하여 이번 여행은 나에게는 『열하일기』를 생각하게 했다. 지난해 날짜 따라 같이 여행하는 기분으로 『열하일기』를 읽었다. 그래도 아직도 다 읽지 못한 『열하일기』의 부록인 연암의 산문들이 많고 이해하지 못한 부문도 있다. 잊고 있다가 이번 '수필의 날' 덕분에 『열하일기』를 다시 본다. 해마다 여름, 뜨겁고 긴 장마와 태풍이 일 때마다 열하熱河를 떠올리면 쉽게 열하熱夏를 넘길 수가 있다. 연암이 저 230년 전 이날 말을 타고 걸으면서 산을 넘고 강을 건너 연경에 도착하기 하루 전날이었다.

〈열하熱河를 떠올리며 열하熱夏를 건너다〉 중에서

7월 15일을 '수필의 날' 로 정한 것이 연암이 사신단을 따라 연경에 가면서「일신수필」을 썼던 날에서 기인되었다고 한다. 고미숙의 『열하일기』 표지에는 장군의 풍모를 지닌 연암의 위풍당당한 모습을 만날 수 있었다. 5월에 길을 떠나 10월에 돌아오는 6개월의 대장정은, 풍채 좋은 연암으로서는 힘겨운 열하熱夏를 건넜으리라. 나의 여름나기 비법이 조윤수 선생과 절묘하게 들어맞는 동병상련을 느꼈다. 우리나라의 열하熱夏는 두 달이면 건넌다. 무더위가 한창일 때 나는, 연암의 열하熱河를 떠올리며 견딘다. 연암의 유머가 돋보이는 호곡장론好哭場論, 사방 천리까지 아득히 펼쳐져 있는 요동벌판에 들어서서 연암은, "아, 좋은 울음터로구나. 크게 한 번 울어볼 만하구나!" 했다. 좁고 답답한 조선 땅에서만 살다 천지의 광활함을 처음 목도한 충격의 역설적인 표현이다. 연암은 여정이 힘들고 고단할수록 더욱 왕성하게 관찰하고, 사유하고, 기록했다. 그 옛날 우리의 영토였던 요동벌판을, 최영 장군이나 정도전이 왜 그토록 수복하려 했는지를, 그 의로운 기개가 새삼스럽게 다가온다. 연암은 수레, 벽돌, 온돌을 통해 기구를 편리하게 쓰고, 먹을 것과 입을 것을 넉넉하게 하여, 국민의 생활을 나아지게 해야 함을 역설했다. 연암의 사상이나 글을 실행하거나 이해하기도 힘들지만, 그저 끝없이 흠모하는 마음은 선생과 내가 다를 바 없으리라.

차茶에 관한한 나는 문외한이다. 나는 다도茶道를 배우거나 차茶모임에 참석해 본적이 없다. 수월하게 마시면 편하고, 지극한 예禮로 좋은 차를 대하고, 물과 불, 다관, 끓이기, 우리기, 마시기 좋은 때와 장소 등, 격식을 갖추는 것이 번거롭게 생각되어서였다. 도를 닦는 마음과 여유가 있어야 가능할 것 같았다. 그러나 선생의 글에서 전해오는 다향으로 인해, 그 세계가 궁금해, 허차서의『다소茶疏』를 구해 읽어보았다.

정순한 차에 깊이 쌓인 향기도 물을 빌려야 드러나듯, 달고 신선하고 기름진 물이 최고의 품수로 친다는 것, 쇠는 물의 어미로 주석이 물을 끓이는 솥으로 가장 좋다는 것, 굳은 나무 숯을 써야하며, 잘 우린 차는 젖 부드러운 청활淸滑한 향기로 병자도 일으킨다고 한다. 좋은 벗으로는 맑은 바람과 밝은 달, 장지문과 이불이나 자기 그림자에도 부끄럽지 않은 마음, 대자리 평상과 돌베개, 좋은 꽃과 눈 쌓인 소나무라니, 과히 속세와는 다른 격의 세계를 이름이 아닐까? 이런 품격과 취향으로 일상을 꾸리니 선생의 글은 색도 향도 맛도 모두 갖추었구나 싶다.

인생의 노년은 아름다운 마무리를 위해 조화를 일궈가는 시기가 아닐까? 자연과 사물과 예술과 사람과의 조화를 찾아가는 여정이다. 물은 담는 그릇에 따라 자기의 몸을 유연하게 변화시킨다는 게 노자의 물의 철학이다. 만물을 긍정으로 받아들이는 하모니는 나의 매몰도 아니요, 약한 것이 강하다는 역설일 것이다. 그러한 선생의 수필문학은 그가 흠모하는 연암의 사상과도 크게 다르지 않을 것이다. 적요한 문학의 세계에서, 고독한 그 길을 꿋꿋이 정진하시길 바란다. 올해 출간을 준비하고 있는 테마수필집이 어서 얼굴을 보여 주기를 고대한다.

명창정궤明窓淨几의 생生을 위하여 -조윤수 선생님께-

선생님 작품집의 느낌은, 마음 밭 일구듯 글밭을 수련해 간다는 그 말씀과, 독자가 자유롭게 읽고 느끼라는 듯 〈작품해설〉 없음이 매우 인상적이었습니다.

오탁번 시인의 시집 다섯 권을 사서 읽던 중 선생님의 작품집을 받아보았습니다.

오래전 시인께서 시 한수 완성하기 위해 국어사전을 백번은 열어 본다는 말씀이 깊이 여울져, 집에서 자고 있는 두꺼운 국어사전을 사무실에 내다 놓았어요. 외래어를 손쉽게 시어로 채용하는 것은 직무유기라는 글을 읽고 우리말 활용사전도 구입하였어요.

시인의 고향, 제천 백운면 애련리의 〈원서문학관〉, 백운면의 조선시대 지명이 〈원서遠西 먼 서녘〉이랍니다. 불교의 서방정토 느낌이 나는 문학관 이름이 참 그윽하지요.

밥조차 굶주린 시인의 유년시절, 하루걸러 지나다 들른 것처럼 진외가 대문을 들어설 때면 맛있는 밥 냄새. 울며 보채는 시인을 [언놈이 밥 먹이고 가요]진외당숙모의 세상에서 제일 고운 목소리! 전 이 작품을 울면서 울면서 읽었습니다. [밥 때 되면 만날 온나] 진외당숙모의 품 넓은 마음이 쟁쟁쟁 귀에 울립니다.

홍해리 시인의 시집 여섯 권을 샀습니다. 시집 세 권에는 〈작가의 말〉이 없군요

두 권의 시집에는 구절구절 시로 쓴 시론입니다. 이 긴긴 작가의 시론이 그 어떤 시 작품보다 전, 감동입니다. 끊임없이 전개되는 묘사와 참

신함과 지적 상상력에 매료됩니다.

[시인(수필가)은 감투도 명예도 아니다 상을 타기 위해, 시비를 세우기 위해, 동분하고 서주할 일인가 그 시간과 수고를 시(수필) 쓰는 일에 투자하라 그것이 시인(수필가)에겐 소득이요, 독자에겐 기쁨이다 오로지 올곧은 선비의 양심과 정신이 필요할 따름이다 변두리 시인(수필가)이면 어떻고 아웃사이더면 어떤가 목숨이 내 것이듯 시도 갈 때는 다 놓고 갈 것이니 누굴 위해 쓰는 것은 아니다 시인(수필가)는 새벽 한 대접의 냉수로 충분히 대접을 받는다 시(수필)는 시(수필)로서 시인(수필가)는 시인(수필가)으로서 존재하면 된다 그것이 시인(수필가)이 받을 보상이다.] 글 쓰는 이들이 깊이 세길 명언이라는 생각입니다.

선생님 작품집이 언제나 젤 많은 포스트잇과 밑줄이 그어진 거 아세요? 두 번 읽고 틈틈이 생각날 때마다 또 펼쳐 든답니다. 공부하면서 읽을 내용들입니다. 한 편 한 편을 대할 때마다 선생님의 그 맑고 명철한 사고와 깊은 식견에 놀랍니다. 편편이 오롯이 깊은 감동을 불러일으키는 작품들입니다. 오탁번 시인이나 홍해리 시인의 품격 있는 작가 정신을 전 선생님의 작품을 읽어 나가면서 만나고 젖어 듭니다. 그래서 제가 선생님 작품을 좋아해요. 배우고 느끼고 공부할 꺼리를 주시니까요. 그리고 제 게으름을 간접화법으로 일깨우니까요.

장마와 무더위를 오가며 유월이 익어갑니다. 나이는 숫자가 더해지지만 마음은 언제나 청춘! 청년의 푸르름으로, 열정으로, 왕성한 탐구력과 상상력으로 홀로 충만하신 선생님! 선생님을 생각하면 한없는 사랑과 존경이 입니다. 더 열심을 내야겠구나 다짐합니다.

퇴근해 송천도서관을 갔더니 시험기간이라 빈자리가 없어 평생교육원을 찾았습니다. 몇시간 책읽기 딱 좋은 곳이죠. 〈한국인의 정신문화〉 특강이 전주박물관에서 있지만, 오늘은 꼭 선생님께 글월을 올리고 책들 읽으려고 이곳으로 왔습니다. 명창정궤의 삶을 실행으로 본을 보이시는 선생님을 선망하며, 저도 〈명창정궤의 생〉을 소망합니다. 선생님! 청포도의 계절 칠월이 코앞이네요. 더운 여름, 뜨겁게 이겨내시길 빕니다.

이해숙

2007년 《수필시대》 등단
행촌수필문학회 사무국장, 전북문협, 전북수필 회원
전주MBC · 전북체신청 편지 백일장.
전북도민 시낭송대회 대상
시층문학상 동상, 원종린 수필문학상 작품상, 완산벌 문학상
수필집 《진달래 꽃술》

《명창정궤明窓淨几》에 답하여

양명학

해 빛이 봄처럼 따스한 날
낯선 여인에게서 책 한 권 날아왔네.
제題하여 《명창정궤를 위하여》라, 마음 흔들리었네.

아, 밝은 창 아래 깨끗한 책상에 앉아
혼자 마시는 우전세작雨前細雀 한 잔이라면
세속 창밖의 바람이야 오고 간들 무엇 하리.

69편의 수필을 숙제宿題하듯 다 읽고서도
걸맞은 감사의 글 한 줄이 떠오르지 않아
서너 달이 지나도록 신열身熱처럼 앓았네.

뜻은 준령峻嶺의 한 그루 고송古松 같고
마음은 봄바람에 날리는 비단 같구나.

눈이 하늘에 뜬 매와 같으니
어찌 세상사의 행간行間을 놓칠까보냐.

아름다워라.
글이 우아하여 흠간 데가 없으니
자원방래自遠方來할 벗 하나 만나겠구나.

살아서 명창정궤를 바라는 여인이라면
죽음에 이른들 어찌
매하좌탈梅下坐脫을 이루지 못하랴!

동경차마고도憧憬茶馬孤道*
–조윤수 여사께 드리는 헌시獻詩

중국 운남성의 명차 산지 보얼普洱에서
역시 명산지인 따리大理를 지나고 리장麗江을 거쳐
지상의 낙원이라는 샹그릴라香格里拉를 바라보며
티베트의 라사拉薩까지 장장 왕복 팔천리 길.

천국 같은 까마득한 설산과 지옥 같은 천길 절벽과
아슬아슬한 밧줄 다리와 홍수 같은 거친 강물을 죽음으로 꿰어 차면서
차茶를 지고 가서는 말馬을 안고 오는
지순至純한 영혼의 하얀 빈마牝馬** 한 필.

차마를 나르는 옛길茶馬古道은 고생과 고통의 길茶馬苦道.
숭고한 영혼의 하늘을 걷는 수만 척尺 높이의 길茶馬高道.
그러므로, 또한 감히 아무나 갈 수 없는 외로운 길茶馬孤道.
청구靑丘의 차향 짙은 지리산 발치에서 태어나서는

동서를 돌며 명차名茶를 찾고 정화수井華水를 맛보며
고금을 엮어 다선茶仙을 뵙고 다서茶書를 읽기 수십 년.
그러니, 그대 어찌 차마고도茶馬孤道의 백빈마白牝馬가 아니랴?

그대는 한 생애의 고결한 꿈을 엮어
아침 이슬 같은 순결로 차 잎을 따고
연화年華의 온열溫熱을 품어 차를 덖어내나니
그 유향遺香이야 어찌 만세萬世에 유전하지 않으랴.

서로 천리 밖에 멀리 있어 얼굴조차 아련해도
전하는 글로 정행正行하는 덕성을 배우고
보내주는 차를 다려 군자의 기품氣品을 마시나니
옛 백아伯牙의 지음知音이 어찌
종자기鍾子期가 없다하여 그쳐질 수 있으랴?

* 조윤수 여사의 차茶에세이집 [차마고도茶馬古道]를 받고 한 해를 넘겨서야 겨우 지어 보낸 감사의 답시임.
**빈마牝馬는 주역周易 중지곤괘重地坤卦의 괘사卦辭에 나오는 말로 곤괘坤卦가 음陰과 땅地과 여성과 어머니 등을 상징하므로 암말에 비유한 것임. 원문은 '坤, 元 亨 利 牝馬之貞, 君子有攸往.'임.

양명학

울산대학교 명예교수
《나쪽으로 열린 창문》외 다수

조윤수 에세이

혼놀, 혼자 즐기다

인쇄 2019년 7월 12일
발행 2019년 7월 17일

지은이 조윤수
발행인 서정환
펴낸곳 수필과비평사
주소 서울시 종로구 삼일대로 32길 36(익선동 30-6 운현신화타워 빌딩) 305호
전화 (02) 3675-3885 (063) 275-4000 · 0484
팩스 (063) 274-3131
이메일 shina2347@naver.com essay321@hanmail.net
출판등록 제300-2013-133호
인쇄 · 제본 신아출판사

저작권자 © 2019, 조윤수
이 책의 저작권은 저자에게 있습니다. 서면에 의한 저자의 허락없이 내용의 일부를 인용하거나 발췌하는 것을 금합니다.
COPYRIGHT © 2019, by Cho Yoonsoo
All right reserved including the rights of reproduction in whole or in part in any form.
저자와 협의, 인지는 생략합니다.
잘못된 책은 바꿔 드립니다.

ISBN 979-11-5933-224-1 03810

값 13,800원

이 도서의 국립중앙도서관 출판시도서목록(CIP)은 서지정보유통지원시스템 홈페이지(http://seoji.nl.go.kr)와 국가자료공동목록시스템(http://www.nl.go.kr/kolisnet)에서 이용하실 수 있습니다.(CIP제어번호: CIP2019026086)

Printed in KOREA

2019 지역문화예술육성지원사업 지원 받았음